北大版留学生本科汉语教材·语言技能系列

汉语
初级强化教程
综合课本 Ⅲ

Intensive Elementary Chinese Course

A Comprehensive Book Ⅲ

主编：肖奚强　朱　敏

编著（以姓氏拼音排列）：

　　段轶娜　范　伟
　　梁社会　沈灿淑
　　魏庭新　张　勤
　　朱　敏

翻译：沈　冲

北京大学出版社
PEKING UNIVERSITY PRESS

图书在版编目(CIP)数据

汉语初级强化教程.综合课本Ⅲ/肖奚强，朱敏主编.—北京：北京大学出版社，2009.2
（北大版留学生本科汉语教材·语言技能系列）
ISBN 978-7-301-14904-1

Ⅰ.汉… Ⅱ.①肖… ②朱… Ⅲ.汉语—对外汉语教学—教材 Ⅳ.H195.4

中国版本图书馆 CIP 数据核字（2009）第 008466 号

书　　　　名：	汉语初级强化教程·综合课本Ⅲ
著作责任者：	肖奚强　朱　敏 主编
责 任 编 辑：	焦　晗
标 准 书 号：	ISBN 978-7-301-14904-1/H·2196
出 版 发 行：	北京大学出版社
地　　　　址：	北京市海淀区成府路 205 号　100871
网　　　　址：	http://www.pup.cn
电　　　　话：	邮购部 62752015　发行部 62750672　编辑部 62752028
	出版部 62754962
印　刷　者：	北京大学印刷厂
经　销　者：	新华书店
	787 毫米 × 1092 毫米　16 开本　16.25 印张　280 千字
	2009 年 2 月第 1 版　2019 年 6 月第 5 次印刷
定　　　　价：	56.00 元（含 MP3 盘 1 张）

未经许可，不得以任何方式复制或抄袭本书之部分或全部内容。
版权所有，侵权必究
举报电话：010-62752024　　电子信箱：fd@pup.pku.edu.cn

前言

对外汉语初级教材经过多年的建设,已经取得了相当的成绩,比如:教材的数量以较快的速度增长,教材的种类不断丰富;教材编写的理论研究和经验总结也不断深入和加强等等。但是,已有的初级汉语系列教材在教学内容、教学重点,结构、功能和文化的相互配合,课程之间的相互配套等方面还有许多需要改进的方面。因此,我们从教学实践出发,编写了这套《汉语初级强化教程》系列教材,希望能够为初级汉语教材建设添砖加瓦。

编写本套教材的基本原则为三个结合:综合与听说相结合、结构与功能相结合、语言与文化相结合。

(一)综合汉语教材与听说教材的课文,在内容和形式上密切配合,相互容让,注重词汇和语法点的互现和循环。全套教材由一套人马统一编写,避免两种教材众人分头编写,相互不配套,难以施教的现象。

(二)针对目前初级汉语教学中听力和说话分别开课,两门课的教材、教学内容不配套现象严重(或互不相干或重复重叠)的现状,我们将听和说整合为一本教材、一门课,改变目前听说分课,教材不配套,教学相互牵扯的现状。

(三)注重结构、功能和文化的结合,以结构为主线,辅以交际功能,穿插文化背景介绍;加强教材的知识性、实用性和趣味性。

(四)教材中的所有词汇、语法点均与汉语水平考试大纲、对外汉语教学大纲相对照,确保词汇、语法学习的循序渐进,尽可能避免生词、语法的超纲。当然,对于学生学习和交际急需而现行大纲缺少或等级较高的词语,我们也本着实用的原则,适当加入。

(五)本套系列教材的所有编写人员均参与教材的试用,直接吸收教学中的反馈,并在四个平行班试用两年的基础之上进行了修改完善。

本套系列教材按《汉语初级强化教程·综合课本》、《汉语初级强化教程·听说课本》分课型编写,主要供汉语言专业本科生、进修生和汉语预科生一学年使用（建议综合汉语课与听说课之比为5∶4）。为了便于不同起点的班级选用，我们将《汉语初级强化教程·综合课本》和《汉语初级强化教程·听说课本》各分为1—4册，供两学期使用。

  本教程由主编提出整体构想和编写原则与大纲，编写组讨论完善后分头编写。具体分工如下：

  朱敏编写综合课本、听说课本的1—5课，41—45课，综合课本第6课。

  沈灿淑编写综合课本7—12课，听说课本6—8课、10—12课，综合课本、听说课本的46—50课。

  范伟编写综合课本、听说课本的13—16课、51—55课，综合课本第25课，听说课本第9、19、25课。

  段轶娜编写综合课本、听说课本的17、18、20—22课、56—60课，综合课本第19课。

  魏庭新编写综合课本、听说课本的23、24、26—28课、30、61—65课。

  张勤编写综合课本、听说课本的29、31—35课，66—70课。

  梁社会与张勤合编综合课本、听说课本第36课，与沈灿淑合编第37课，与范伟合编第38、39课，与魏庭新合编第40课。

  全书由主编修改定稿。

  本套系列教材从策划、编写、试用到出版历时两年有余。从2005年9月至2007年6月在南京师范大学国际文化教育学院理工农医经贸专业汉语预科生的四个平行班试用了两学年，教学效果良好，从形式到内容都受到留学生的欢迎和好评。作为听说合一、综合课与听说课密切配合编写教材的一种尝试，不足之处在所难免，希望得到专家学者和使用本教材教师的批评指正。

编　者

略语表 Abbreviation

形容词	adj.
副词	adv.
助动词	aux.
黏着形式	b. f.
连词	conj.
感叹词	intj.
名量词	m.(n.)
动量词	m.(v.)
名词	n.
数词	num.
象声词	on.
助词	particle
代词	pr.
前缀	pref.
介词	prep.
后缀	suf.
动词	v.
动宾离合词（如"开玩笑"）	v. o.
动补词	v. (c.)
动名兼类词（如"争议"）	v./n.

目录
CONTENTS

页码	课次	标题
1	第四十一课	丁荣气坏了
18	第四十二课	比住在学校多花几百块钱
35	第四十三课	波伟的故事
51	第四十四课	比赛给她留下了深刻印象
68	第四十五课	复习（九）
80	第四十六课	丰富的业余生活
99	第四十七课	你把春联给贴反了
116	第四十八课	我忘不了的人
132	第四十九课	让我来帮帮你吧
149	第五十课	复习（十）
160	第五十一课	爱情清单
177	第五十二课	尴尬的一代人
192	第五十三课	李小龙
209	第五十四课	交换
225	第五十五课	"自行车王国"的变迁
241	语法项目索引	
243	重点词语索引	
244	功能项目索引	
245	词语总表	

第四十一课　丁荣气坏了

语法项目：

1. 程度补语（4）：……得要命

   有时候觉得闷得要命

2. 程度补语（5）：……死／坏+了

   车上挤死了　丁荣气坏了

3. 趋向补语的引申用法：……起来（2）

   看起来很不错

4. 被动句(3)：主+"被／叫／让"+宾+"给"+动＋其他

   （钱包）让小偷给偷走了

5. 概数（5）：……来

   一百来块

重点词语：

1. 保证：保证银行卡上钱的安全

2. 将：

   明年将进专业学校跟中国学生一起学习国际贸易

3. 所有：所有的地方都找遍了

功能项目：

遭窃、遗失

一、课　文

(一) 丁荣气坏了

快期末考试了，丁荣每天不是在教室上课就是在宿舍看书，有时候觉得闷得要命。正好，波伟说，他看见一个广告，美术馆有个艺术展览，展览的是一位著名艺术家的作品，看起来很不错。他们就决定一起去看看，换换心情。

星期天，丁荣和波伟坐公共汽车去美术馆。因为是周末，车上全是人，挤死了。还好，美术馆不远，坚持一下就到了。

可是，丁荣想掏钱买门票的时候，却发现钱包不见了。她又找了一遍，还是没有。丁荣清清楚楚地记得，出门的时候，她把钱包放在包里了，现在一定是让小偷给偷走了。钱包里钱不太多，大概只有一百来块。可是，里面有证件，还有银行卡、公交卡、借书证什么的。而且，那个钱包是朋友送给她的礼物，很有纪念意义，现在被偷走了，丁荣气坏了。

波伟先安慰了她几句，然后说："现在不是气愤的时候，重要的是，银行卡上的钱别让小偷给取走了。咱们赶快去银行挂失吧。"所以，他们先到银行挂失，保证卡上钱的安全，接着又到派出所报了案。报案，一方面可以帮助警察抓住小偷，另一方面也可以帮助她找回丢了的钱包。其他的证件，只好再慢慢补办了。结果，他们忙了半天，展览也没看成。

(二) 波伟愁得要命

波伟是预科班的学生，学习完一年汉语以后，明年将进专业学校跟中国学生一起学习国际贸易。他觉得学习压力很大，所以，晚上和周末，他都在教室学习。他觉得，跟宿舍比，教室的环境更好，更能专心学习，而且，有看不懂的地方，还可以问问其他同学。一天晚上，他又去了教室，十一点才回到宿舍。

回去以后，他洗了洗，收拾收拾东西准备睡觉。可是，收拾东西的时候却发现，他的电子词典找不着了。他想，一定是刚才让自己给丢在教室了，就赶快去教室找。可是，所有的地方都找遍了也没找着。他又问了门口的师傅，师傅也说没看见。

电子词典是波伟重要的学习工具，而且比较贵，要一千来块钱呢。现在丢了，一定会影响他的学习。怎么办呢？波伟愁得要命。第二天，波伟只好给中国朋友王明打电话。王明建议他贴几张寻物启事试试。没想到，这办法真不错！启事贴出去没一会儿学校保卫处的老师就给他打电话说，词典让一个同学给送到保卫处了，他可以去领。波伟高兴坏了，他最喜欢的词典终于又回到了他的身边！

二、生词

1.	期末		qīmò	the end of a semester	
2.	闷	v.	mèn	bored	丙
3.	要命	adv.	yàomìng	terrible	丁
4.	广告	n.	guǎnggào	advertisement	乙
5.	艺术	n./adj.	yìshù	art; skill, craft; conforming to good test, artistic	甲
6.	……家	b.f.	jiā	expert; specialist	甲
7.	作品	n.	zuòpǐn	works(of literature and art)	乙
8.	死	v./adj.	sǐ	die, be dead, to the death, death, extremely	甲, 丙
9.	坚持	v.	jiānchí	persist in, insist on, stick to, adhere to	甲
10.	掏	v.	tāo	draw out, pull out, take out	乙
11.	门票	n.	ménpiào	entrance ticket, admission ticket	
12.	公交	n.	gōngjiāo	city transportation	
13.	意义	n.	yìyì	meaning, sense, significance; value, effect	甲

第四十一课　丁荣气坏了

14. 气	v.	qì	get angry, be enraged	乙, 丙
15. 句	m.(n.)	jù	sentence	甲
16. 气愤	adj.	qìfèn	indignant, furious, angry	丙
17. 保证	v./n.	bǎozhèng	to make sure, guarantee, ensure	乙
18. 派出所	n.	pàichūsuǒ	police substation local police station	丁
19. 报案	v.o.	bào àn	report a case to security authorities	
20. 补	v.	bǔ	mend, patch, repair; fill (a vacancy), make up for; supply	乙
21. 预科	n.	yùkē	preparatory course (in a college)	
22. 将	adv.	jiāng	be going to, be about to, will, shall	乙
23. 贸易	n.	màoyì	commercial activity, trade	乙
24. 压力	n.	yālì	pressure	丙
25. 专心	adj.	zhuānxīn	concentrate one' attention, be absorbed	乙
26. 电子	n.	diànzǐ	electron, electronic	丙
27. 所有	adj./n.	suǒyǒu	all; own, possess, have	甲
28. 愁	v./b.f.	chóu	worry, worry about, be anxious	乙
29. 寻	v.	xún	look for, search, seek	丙
30. 启事	n.	qǐshì	notice, announcement	丁
31. 保卫	v.	bǎowèi	defend, safeguard	乙
32. 处	n./b.f.	chù	department, office	乙
33. 领	v.	lǐng	take, accept	乙
34. 身边	n.	shēnbiān	at hand, nearby, (have sth.) on one, with one	乙

本课新字

三、注释

(一) 展览也没看成 failed to go to the exhibition

"成"，补语，表示成功、完成、实现。动词和"成"之间可以插入"得／不"。如：

The character 成 is a complement, meaning success, accomplishment and realization. "得／不" can be inserted in between the verb and 成. For example：

(1) 下雨了，今天还走得成吗？

(2) 今天下雨，去不成公园了。

(二) 波伟是预科班的学生 Bowei is a student in of preparatory course

外国留学生预科生，公费奖学金生的一种。他们一般是在自己国家中学毕业后来中国，在中国先补习一年汉语，并根据专业补习一定的数理化等课程，通过考试后，第二年去相关专业院校跟中国学生一起学习专业课程。

A foreign student of preparatory course is one type of scholarship students. Usually, this kind of students comes to China after they graduate from the high school in their own countries. They study one-year Chinese first, as well as some courses of math, physics, chemistry and etc.. When they pass the certain examinations, they are allowed to study their majors in other colleges or universities from the second year.

四、语 法

(一) 程度补语(4): 动／形 + 得 + 要命
Complement of Degree (4): v. / adj. + 得 + 要命

这是由"得"连接副词"要命"构成的程度补语。结构为：
This is a complement of degrees formed by connecting 得 and adverb 要命. The form is as the following:

动／形 + 得 + 要命		
吵	得	要命
饿	得	要命

"……得要命"，多用于口语。表示程度高，可以用在表示心理活动和感觉的动词后，动词多表示贬义，有时也可以用在形容词后，包括褒义形容词，但不如"得很"、"极了"正式。如：

The expression of "……得要命" is mostly used in spoken Chinese, meaning a high degree. It may be used after the verb expressing psychological activity or feelings. The verbs are mostly of derogatory sense. Sometimes it may also be used after an adjective, including that of commendatory sense, but not as formal as the expression of "得很" and "极了". For example:

(1) 孩子偷了别人的钱，妈妈气得要命。
(2) 这孩子懒得要命，从来都不做作业。

(二) 程度补语(5): 形／动 + 死／坏 + 了
Complement of Degree (5): adj./v. + 死/坏 + 了

"死"和"坏"是不用"得"连接的两个程度补语，用在形容词和表示感情、感觉以及心理活动的动词后面，多用于消极意义，有时也可用于积极意义。如：

They are two complements of degrees which are not connected by 得. They are used after verbs expressing emotions, feelings and psychology activities. They

7

mostly express positive meanings, but sometimes active meanings. For example:

（1）她什么都不说，只是哭，真把人急死了。

（2）今天我气坏了，自行车被小偷偷走了。

（3）孩子考上了大学，妈妈高兴坏了。

如果句中谓语动词有宾语，一般不重复动词；宾语是施事，就不能重复动词。如：

If a predicate verb is followed by an object, it is usually not geminated. If the object is the doer, the verb cannot be geminated. For example:

（1）他的话气死我了。　　（*他的话气我气死了。）

（2）这件事乐坏我了。　　（*这件事乐我乐坏了。）

"死/坏"可以用在"把"字句中做程度补语。如：

The expression "死/坏"can be used in a "把 - sentence" as the complements of degrees. For example:

（1）这个消息把她气坏了。

（2）这鬼天气把人冻死了。

（三）趋向补语的引申用法：……起来（2）

The extensive usage of tendency complement: ……起来 (2)

趋向补语"起来"有几种引申用法。用在某些动词后，可以表示从某个方面进行估计、评价。如：

There are several extension usages of the tendency complement 起来. It is usually used after some verbs, meaning that something cab be evaluated from a certain aspect. For example:

（1）这个菜看起来很不错，吃起来很一般。

（2）电子词典带起来很方便。

（3）看起来，这件事他不会同意了。

（四）被动句（3）：主+"被／叫／让"+宾+"给"+动+其他

Passive sentence (3): S + 被／叫／让 + O + 给 + V + other components

"被"字句有几种固定的格式。"被"字可以和"给"字用在一起，构成

"被……给……"格式。在这个格式中,"给"是一个结构助词,没有什么意义,可以省略。如果加上"给"字,句子更加口语化。如:

There are several fixed patterns of 被-sentences. 被 can be used together with 给 to form the pattern "被……给……", in which 给 is a meaningless auxiliary so it can be omitted. If 给 is used, the sentence is more oral. For example:

(1) 我的自行车被他给弄丢了。

(2) 爸爸的手表被孩子给摔坏了。

(五) 概数 (5):……来 Approximate number:……来 (near, or so)

概数"来"表示接近前面数字所表示的数目。一般指不到那个数目,有时也可略大或略小。

The word 来 (near, or so) is an approximate number, meaning close the amount mentioned. Usually it means less than that amount. Sometimes it can also be more or less.

"来"用在数词后,量词前时,数词只能是以"0"结尾的。如:

The word 来 is used after a number but before a measure word, and the number must be ended with zero. For example:

十来本(书)   二十来个(人)   一百二十来本(书)   一千来块(钱)

有些量词,如度量衡量词"斤"、"米"、"里"等,可以进一步分割,此时,概数"来"可用在数量词后。数词以 1~10 为多,其他数字偶尔也用。如:

Some measue words, such as 斤 (jīn, half kilo), 米 (mǐ, metre) and 里 (lǐ, half km) can be further divided, in that case the approximate 来 can be used after the number and measure word. The numbers are mostly from 1 to 10. Sometimes other numbers can also be used. For example:

八斤来重   三米来高   二十五里来路

注意:

(1) 十来斤米 = "八九斤米" 或 "十一二斤米"

　　十斤来米 = "九斤八九两" 或 "十斤一二两"

（2）当数字超过"十万"时，一般不在"万"、"亿"后边用"来"，但可以在它们前边加"来"。如：

When the numbers are over "十万（100 thousand）", normally the word 来 is not used after 万（10 thousand），亿 (100 million)，but before them. For example:

＊三百万来人　　√三百来万人

＊十亿来元钱　　√十来亿元钱

五、重点词语

（一）保证　ensure，guarantee

1.［动］担保，负责做到。如：

[v.] ensure, be responsible of completing something. For example:

（1）我保证今天把这件事做完。

（2）他向老师保证，以后一定不迟到。

2.［动］确保原来的标准和要求，不打折扣。如：

[v.] ensure to carry out the original standard and requirement to the letter. For example:

（1）孩子每天的睡觉时间要保证。

（2）企业生产要保证质量。

3.［名］用来担保的事物。如：

[n.] something of guarantee. For example:

（1）他向父母作出了保证。

（2）你写的几点保证能做到吗？

（3）掌握生词是学好外语的基本保证。

（二）将 be going to

用于书面。可以表示动作或情况不久就要发生。如：

It is used in written Chinese, meaning an action or situation is going to take place soon. For example:

（1）飞机将要起飞了。

（2）他将去国外学习一年。

也可以表示对未来情况的判断，含有"肯定、一定"的意思。如：

It may also be a judgement to the future situation, meaning "affirmation and certain". For example:

（1）如果再不努力，他将无法去专业学校学习。

（2）我们将永远记住在中国的留学生活。

（三）所有 all

［形］全部、一切。着重强调一定范围内某种事物的数量。修饰名词。如：

This word is an adjective, meaning the whole, all, emphasizing the amount of something within a certain aspect, modifying nouns. For example:

（1）所有的同学都来了。

（2）所有问题都解决了。

注意："所有"修饰名词时可以带"的"，也可以不带"的"。如上。但"一切"修饰名词时不能带"的"。如：

Note：When 所有 is used to modify a noun, the noun modified can often be followed or not followed by 的. However, a noun can not be followed by 的 if it is modified by 一切. For example:

一切问题（*一切的问题）

六、练 习

（一）朗读短语

心疼得要命	好得要命	美得要命	冷得要命	想死了
疼死了	气死了	难过死了	饿坏了	急坏了
累坏了	热坏了	看起来	听起来	说起来
做起来	广告艺术	书法艺术	保证完成	保证时间
我保证	一个保证	专心学习	专心听讲	经济意义
很有意义	所有朋友	所有的麻烦	所有的学生	所有的时间

（二）替换练习

1. 这两天我觉得 闷 得要命。

　　累
　　烦
　　渴
　　热
　　冷

2. 这件毛衣 看 起来很不错。

这种词典	用
那条裤子	穿
他的主意	听
这个地方	布置

3. 听说了昨天的事儿，她 气 死了。

　　难过
　　急
　　羡慕
　　高兴

4. 钱包让小偷给偷走了。

自行车	我朋友	弄丢
衣服	妈妈	洗干净
词典	同学	借走
照相机	他	摔坏
蛋糕	弟弟	吃

(三) 根据课文回答问题

1. 丁荣最近心情怎么样？为什么？
2. 波伟是怎么知道那个画展的？
3. 丁荣为什么特别生气？
4. 丁荣他们为什么要报案？
5. 他们看画展了吗？
6. 波伟的专业是汉语，对吗？
7. 波伟为什么要努力学习？
8. 波伟是怎么找到他的电子词典的？

(四) 选词填空

意义　坚持　贸易　艺术　领　预科　保证　广告

1. 看电视的时候，我最不喜欢的就是_____。
2. _____专业的学生现在找工作很容易。
3. 有时候，应该_____自己的意见，但有时也应听听别人的想法。
4. 你相信我，我_____明天早上就把书还给你。
5. 这是一件很有_____的事儿，你就让孩子去做吧。
6. 留学生学习专业前，一般要先学习_____汉语。
7. 对外_____是中国经济发展中十分重要的一个部分。
8. 别忘了去办公室_____艺术节的票。

（五）用"被／让／叫……给……"改写句子

1. 风把衣服吹走了。
   →_____

2. 大家把酒喝完了。
   →_____

3. 孩子把爸爸的电脑弄坏了。
   →_____

4. 小王把他的自行车骑走了。
   →_____

5. 我把这件事儿忘了。
   →_____

（六）用所给词语完成句子

1. 今天的气温是零下五度，_____。（要命）
2. 我今天早饭和午饭都没吃，_____。（坏）
3. 孩子晚上十一点还没回家，_____。（死）
4. 那个男人撞了人还不道歉，_____。（气愤）
5. 这个菜_____。（起来）
6. 这件事儿_____。（起来）
7. _____，我就相信你。（保证）
8. _____，你也去吧。（所有）

（七）改错句

1. 衣服都让雨给淋了。
2. 听说HSK考试过了七级，他高兴要命。
3. 这座楼大概有一百米来高。
4. 今天爬了一天的山，他累得死了。
5. 我保证你，从明天开始努力学习。

6. "好好学习"这句话说得容易，做得很难。

7. 我对他安慰说，你的学习以后会好的。

8. 钱包被偷了，她有点儿难过得要命。

（八）综合填空

1

下雪_____，外面变_____了一个白色的世界。李明爱穿了妈妈织的毛衣，在宿舍里_____赏窗外的雪景。李明爱非常喜欢白色，在韩国_____，一下雪她_____和朋友到外面去_____雪人，_____有意思了。现在她又想去外面玩儿玩儿了。对了，波伟的国家从来不下雪，他_____第一次看见下雪吧？李明爱是急性子，她立刻打电话_____波伟赶快下楼_____，自己也拿了照相机下去了。

2

去年暑假，我和一位英国同学一起从上海去新疆一个朋友的家。在朋友家的那个星期，_____让人难忘。朋友的妈妈张阿姨对我们非常_____情，每天给我们做很多好吃的东西，很快，我就习惯_____那儿的生活。张阿姨_____带我们去亲戚家玩儿。吃_____饭后，一放音乐，大家就都跳_____舞来。阿姨_____子不高，可是跳得很美。我发_____他们的生活很简单，钱_____不多，可是他们很快乐，很开心。

（九）选择正确的说法

1. A. 丁荣不是在教室上课就是每天在宿舍看书。
   B. 丁荣不是每天在教室上课就是在宿舍看书。
   C. 丁荣每天不是在教室上课就是在宿舍看书。（　　）

2. A. 明年进专业学校要跟中国学生一起听课。
   B. 明年进专业学校跟中国学生要一起听课。
   C. 明年要进专业学校跟中国学生一起听课。（　　）

3. A. 他们就决定一起去看看。
   B. 他们决定就一起去看看。
   C. 他们决定一起就去看看。（ ）

4. A. 她立刻打电话让波伟赶快下去楼。
   B. 她立刻打电话让波伟赶快下楼去。
   C. 她打电话立刻让波伟赶快下楼去。（ ）

5. A. 老王把所有建房子的人都叫来了。
   B. 老王把所有都建房子的人叫来了。
   C. 都老王把所有建房子的人叫来了。（ ）

6. A. 他们分别两个人和小雪人合了影。
   B. 他们两个人分别和小雪人合了影。
   C. 他们两个人和分别小雪人合了影。（ ）

（十）阅读理解

从前，有个人在自己家的地窖（dìjiào cellar）干活时，把一把斧头（fǔtou axe）忘在地窖里了。几天以后，他又要用斧头，却发现斧头丢了。他把自己家里都找遍了，结果还是找不到斧头。他气坏了，正好看到邻居家的儿子从门口经过，他就怀疑斧头是被他给偷去了。于是，他仔细地看邻居家的那个儿子，看他那走路的样子，很像是偷了斧头；而且连他做事的样子、脸上的表情（biǎoqíng expression）也像；甚至（shènzhì even）他说话时的声调，都像是偷了斧头一样。一句话，这个人越看越觉得斧头是被邻居的儿子给偷走了。

又过了几天，这个人又要到自己家的地窖里去干活了。当他打开地窖门，下到地窖里的时候，却发现自己那把不见了好多天的斧头正躺在地窖的地上。

第二天，这个人再看到邻居的儿子时，发现他说话、走路和笑的样子，一点儿都不像是偷斧头的了。

1. 根据文章判断正误：

　　（1）那天干完活以后，那个人发现斧头丢了。　　（　）

　　（2）那个人到地窖去找过斧头。　　（　）

　　（3）邻居的儿子说话、走路的样子都很特别。　　（　）

　　（4）邻居的儿子把他的斧头给偷走了。　　（　）

　　（5）斧头丢了的第二天，就找到了。　　（　）

2. 回答问题：

　　这个故事告诉我们什么？

文化小贴士 Proverbs

学而时习之，不亦说乎？

Xúe ér shí xí zhī, bú yì yuè hū?

Isn't it a pleasure after all to practice in due time what one has learnt?

本课听说生词

啦	八成	丢三落四	怎样	观众	主持	主持人
失望	读者	导演	胃	稀饭	头	大象
观察	耳朵	用处	案件	热线	身份	身份证
开户	信用卡	证明	周到			

第四十二课　比住在学校多花几百块钱

语法项目：

1. 趋向补语的引申用法：……起来（3）

   熟悉起来

2. "把"字句（3）："把"+宾+动+"一／了"+动

   把房子的情况详细地说了说

3. 概数（6）：上下

   生活费在两千五百块钱上下

4. 表示强调的"是"

   一个人住是很安静

5. 比较句（4）：A比B+"早／晚／多／少"+

   动+数量补语

   （住在外面）比住在学校多花几百块钱

重点词语：

1. 朝：一个朝南的大房间

2. 等：

   价格、地点等都还不错

   空调、电视机、电冰箱等等都有

3. 而：

   而在校外，每天的生活从早上六点半

   就开始了。

功能项目：

住宿、租房

一、课文

(一) 她想自己租房子住

在中国学习的留学生,有的是住在学校的宿舍,有的是自己在外面租房子。

李明爱来中国三个多月了,对中国的生活慢慢熟悉起来,她想自己租房子住了。

她去了几个大的房屋中介公司,请他们帮忙找房子。

有一天一个公司给她打电话,告诉她有一套房子,还把房子的情况详细地说了说。李明爱觉得价格、地点等都还不错,第二天他们就一起去看了看。房子虽然不在学校附近,但是也不太远,骑自行车大概二十分钟左右,坐车也很方便。这是一个小套的房子,有两间屋子,一个朝南的大房间和一个朝北的小房间,可以分别作卧室和书房;还有小小的客厅、厨房和卫生间。房子看起来很舒服。房间里一般的家具和电器,像床、桌子、椅子、灯、热水器、电话、空调、电视机、电冰箱等等都有。这样,她住进去就很方便了。而且,租金也不太贵,一个月才一千块钱。

李明爱对这套房子比较满意。她又征求了父母的意见,他们也觉得挺好的,所以李明爱很快就跟房东签订了租房合同。然后,她又到学院办公室、派出所等地方把一些手续办好了。现在，她终于有了自己的"家"啦！

（二）比住在学校多花几百块钱

金美尚是一个三十岁上下的韩国学生。因为年龄比较大，所以她一来中国就在学校外面租了房子。我们来听她说说住在外面的甜酸苦辣吧。

她说，她现在一个月的生活费在两千五百块钱上下，包括房租、交通费，还有吃饭的钱等等。虽然比住在学校多花几百块钱，但是好处也很多：生活上既方便又舒服，还很自由。住在校外，不像住在宿舍那么吵，学习的时候很安静，也没有人打扰，学习效率很高。生活上可以自己来安排时间，跟中国人接触的机会也很多。她喜欢跟邻居一起说说话，特别是和一些老人聊聊天。他们会跟她聊自己看过、听过的事情和自己的生活经验，谈谈对社会问题的看法。跟老人聊天不仅让她了解了中国的老人，也更多地了解了中国各方面的情况，她的听力和口语也越来越好了。

不过，住在外面也有麻烦的地方。比如，早上要比住宿舍早起一个小时左右。住宿舍，最晚可以七点半才起床；而在校外，每天的生活从早上六点半就开始了。另外，一个人住是很安静，但有时，太安静了也会觉得孤独，特别是在生病、节假日的时候。不过，她还是很喜欢这样的生活。

第四十二课 比住在学校多花几百块钱

二、生词

1. 熟悉	v./adj.	shúxī	get used to something be familiar with	乙
2. 房屋	n.	fángwū	houses, apartment	丙
3. 中介	n.	zhōngjiè	real estate agent, intermediary	
4. 详细	adj.	xiángxì	detailed, minute, in detail	乙
5. 地点	n.	dìdiǎn	place, site, locale	乙
6. 等	particle	děng	and so on, etc.	甲
7. 间	m.(n.)/n.	jiān	*used for rooms*; room	甲
8. 朝	v./prep.	cháo	facing; towards	甲
9. 作	v.	zuò	act as	甲
10. 卧室	n.	wòshì	bedroom, bedchamber	丁
11. 书房	n.	shūfáng	study	
12. 厨房	n.	chúfáng	kitchen, cookroom	乙
13. 卫生间		wèishēngjiān	washroom, lavatory	
14. 家具	n.	jiājù	furniture	乙
15. 电器	n.	diànqì	electrical equipment, appliance	丙
16. 热水器		rèshuǐqì	shower	
17. 电视机	n.	diànshìjī	TV	
18. 租金	n.	zūjīn	rent, rental	丁
19. 征求	v.	zhēngqiú	solicit, seek, ask for	乙

20. 意见	n.	yìjiàn	idea, view, opinion	甲
21. 签订	v.	qiāndìng	conclude and sign (a treaty/contract /etc.)	丁
22. 合同	n.	hétong	agreement, contract	乙
23. 上下	n.	shàngxià	(used after round number) about, around	丙
24. 年龄	n.	niánlíng	age	乙
25. 等等	particle	děngděng	and so on, etc.	
26. 自由	n./adj.	zìyóu	freedom, liberty; free, unrestrained	乙
27. 效率	n.	xiàolǜ	efficiency, productiveness	乙
28. 接触	v./n.	jiēchù	come into contact with, communicate with	乙
29. 社会	n.	shèhuì	society, mass organization, community	甲
30. 看法	n.	kànfa	point of view, opinion, way of looking at things	乙
31. 而	conj.	ér	but, and	乙
32. 孤独	adj.	gūdú	lonely, solitary, lonesome	丁

本课新字

悉　详　厨　征　龄　由　触　孤

三、注 释

(一) 有的是住在学校的宿舍
some live in the collective dormitory on school campus

"是"字句的一种。"是"轻读,可省略,表示一般肯定。如:

It is one kind of 是-sentences. The word 是 is read with a neutral tone, and can be omitted, meaning a common affirmative. For example:

(1) 我是问问,没有别的意思。

(2) 他是累了。

(二) 生活上 in the aspect of life

"上",方位名词,一般读轻声。用在名词后,表示某个方面,前面可以用介词"在"、"从"。如:

The word 上 is a noun of orientation, which is usually read gently. It is used after a noun, meaning "in the aspect of", and the preposition 在 (on) and 从 (from) can be used before it. For example:

(1) 他生活上要求不高,工作上却非常认真。

(2) 在这个问题上,我的看法跟你一样。

四、语 法

(一) 趋向补语的引申用法:……起来(3)
Extensive usage of tendency complements:……起来(3)

趋向补语"起来"可以用在动词或形容词的后面,表示进入一个新的状态。用在动词后面时,表示动作开始进行;用在形容词后面时,表示新的状态开始。如:

The phrase 起来 can be used after a verb or an adjective as the complement of tendency, meaning to be in a state. When it is used after a verb, it represents the starting of an action; when after an adjective, it represents the beginning of a new state. For example:

(1) 听了他的话,大家都笑了起来。

(2) 你不是不喜欢打球吗?今天怎么打起球来了?

(3) 车开得快起来了。

(二)"把"字句(3):主+"把"+宾+动+"一/了"+动

把-sentence: S + "把" + O + V + "一/了" + V

"把"字句的谓语一般不能是一个简单的动词,它的前后要有一定的其他成分。前面我们已经学过动词后面带介词短语的把字句和动词后面有结果补语的"把"字句。今天我们学习的是第三种把字句——谓语动词重叠的把字句。重叠动词是单音节的中间也可以加上"一"或"了"。如:

The predicate verb of 把-sentence is not a simple verb, there must be other components before or after it. We have already learnt the two types of 把-sentences, one with preposition phrases following the verb; the other with result complement after the verb. We are going to study the third type with geminated predicate verb, which 一 or 了 can be inserted in between. For example:

(1) 你把情况跟大家说说吧。

(2) 今天回去,大家把课上讲的语法好好地看一看。

(3) 她把衣服洗了洗,就去上班了。

(三)概数(6):上下 **Approximate number, round number: 上下**

"上下"可以加在数量词后面表示概数,可以比实际数值稍微多一点,也可以稍微少一点。如:

The phrase 上下 (about, or so) may be added after a number as approximate number, meaning a little more than or less than the exact number. For example:

(1) 他一个月的工资大概两千块钱上下。

(2) 老人大概七十岁上下。

注意："上下"的意义和用法虽然跟"左右"差不多，但适用的范围不一样。"左右"可以用于时间、距离等各种数量词，而"上下"更多用于年龄。如：

Note: In meaning and usage, 上下 and 左右 are nearly the same, but their usage scopes are different. 左右 can be used after the words of time, distance and various kinds of measure words, but 上下 mainly refers to the age. For example:

早上八点左右（＊早上八点钟上下）

银行离这儿大概一百米左右（＊一百米上下）

另外，"上下"用于年龄时，多用来说成年人，而且是比较整的数字，一般不用来说孩子。如：

Besides, when 上下 refers to age, mostly to the age of grown-ups, and to the whole number, so usually, it doesn't refer to the age of children. For example:

三十（岁）上下　　七十（岁）上下

＊五岁上下　　　　＊十岁上下

但"左右"也可以用来说孩子。如：

However, 左右 can also refer to the age of children. For example:

五岁左右　　　　十岁左右

（四）比较句（4）：A 比 B ＋ "早／晚／多／少" ＋ 动 ＋ 补语／宾语

Comparative sentence (4): A 比 B earlier/later/more/less+V+complement/object

有些"比"字句，谓语是一般动词，前面可以加上"早"、"晚"、"先"、"后"、"难"、"好"、"多"、"少"等作状语，动词后面可以带上数量补语、程度补语或宾语。如：

In some 比-sentences(comparative sentences), the verb can be a common one, and the words such as 早，晚，先，后，难，好，多 and 少 can be added before the verb as adverbials. The verb can be followed by compliment of numbers and measure words, compliment of degrees and objects. For example:

(1)昨天他比我早走了半个小时。

(2)他比我多喝了两瓶。

(3)这个字比那个字好写多了。

(4)我比他先做了一些。

(5)波伟比李明爱少买了一本书。

(五)表示强调的"是" Emphasizing：是

动词"是"在句中可以放在动词、形容词等的前面，表示强调。"是"重读，不能省略，有"的确"、"实在"的意思。如：

The verb 是 can be put before a verb or adjective as emphasizing. 是 must be stressed and cannot be omitted, implies "really" or "indeed". For example:

(1)他是去国外读书了。

(2)这儿的冬天是冷。

(3)这个孩子是聪明，什么东西都一学就会。

五、重点词语

(一)朝 face, toward

1.[动]面对着,向。后面的宾语一般表示方位。如：

[v.] face, and the object followed indicates the direction. For example:

(1)这套房子有两个房间，大房间朝南，小房间朝北。

(2)学校的大门朝东。

2.[介]表示动作行为的方向或引进动作行为的对象。如：

[prep.] indicating the direction of the action or introduce the object of the action. For example:

(1)下课了，老师朝办公室走去。

(2)他朝（着）老师笑了一下。

比较：朝、向　comparison between 朝 and 向

"向"可以用在动词的后面，但"朝"不可以。如：

The word 向 can be used after a verb, but 朝 cannot. For example:

走向胜利（*走朝胜利）　　冲向敌人（*冲朝敌人）

"朝"引进动作的对象时，宾语一般是指人的名词、代词，后面一般只用表示动作、行为等的具体动词，如："笑"、"挥手"、"点头"、"摇头"、"打招呼"和"说"、"叫"、"喊"、"骂"等等。如：

To introduce the object of the action, the object usually refers to the nouns or pronouns of persons, and only concrete verbs, such as 笑 (laugh/smile)，挥手 (wave hands), 点头 (nod)，摇头(shake one's head), 打招呼 (greet)，说 (speak), 叫 (call), 喊 (shout)，骂 (curse) and so on. For example:

（1）我朝他点点头，打了个招呼。

（2）她朝我骂了一声，走了。

"朝"后面不用抽象动词。如：

The word 朝 cannot be followed by an abstract verb. For example:

（1）我们要向（*朝）他学习。

（2）我们要向（*朝）所有帮助过我们的人表示感谢。

（二）等　and so on

1.［助₁］用在两个或两个以上并列的词语后，表示列举没有穷尽。多用于书面。如：

[particle$_1$] It is used after two or more words of the same kinds, indicating much more examples can be listed. Usually it is used in written Chinese. For example:

（1）这次旅行，他们去了杭州、黄山等地。

（2）我们班同学来自英国、日本、老挝、坦桑尼亚等国家。

2.［助₂］用在列举之后结尾，后面常常带有前面列出的各项的总数。如：

[particle$_2$] It is used at the end of the example list, usually the total number of the examples mentioned is followed. For example:

（1）下学期大家要学习汉语、听说、科技阅读等三门课程。

（2）这次我们要参观北京大学、中国人民大学、北京语言大学等三所大学。

注意："等等"跟"等"的用法 1 一样，但是，"等等"一般不用在专有名词的后面，后面一般也没有其他词语。如：

Note: The usage of "等等 (and so on)" is the same as the first usage of 等, however, 等等 is usually not used after prop nouns, and is not followed by other components. For example:

（1）他买了很多东西，包括词典、书、笔记本等等。

（2）参加这次会议的有校领导、老师、学生代表等等。

（三）而 but, and

［连］可以用来连接动词、形容词或者由它们构成的短语，也可以用来连接小句或句子。用"而"连接的成分可以有不同的关系，这儿只说其中的两种。

[conj.] It can connect verbs, adjectives or the phrases formed by the verbs or adjectives. It can also connect clauses or sentences. The relations between the sentence parts connected by 而 may be different, of which two are listed here:

1. 表示转折关系，"而"连接的两个成分意思相反。如：

Indicating adversative coordination, the two parts connected by 而 means differently. For example:

（1）大家都想去北京，而他却想去上海。

（2）有些外国人会用汉语读而不会用汉语写。

2. 表示并列关系，"而"连接的两个成分意思一致。如：

Indicating copulative coordination, the two parts connected by 而 means the same. For example:

（1）波伟是一个聪明而努力的学生。

（2）他们的故事生动而有趣。

六、练习

(一) 朗读短语

熟悉情况　　熟悉环境　　作卧室　　　作书房　　　一件家具
一套家具　　一张床　　　一把椅子　　一台电视机　公共交通
交通情况　　工作经验　　介绍经验　　笑起来　　　红起来
征求意见　　接触社会　　签订合同　　效率很高　　提高效率
三十上下　　五十岁上下　十年上下　　五十里上下　百分之六十上下
少拿一些　　晚睡一会儿　多花一百块钱　早起一个小时　先到十分钟

(二) 替换练习

1. 大家 看 起 电视 来。

做	作业
读	课文
讲	故事
唱	歌

2. 你把他的问题 说 (一) 说 。

第二课的课文	读
那个故事	讲
这次比赛的情况	介绍
这个生词的意思	解释

3. 他朝 外面 看了看 。

里面	坐着
邮局	走过去
老师	笑了笑
这边儿	看过来

4. 他是去外国读书了。

他女朋友	（很）漂亮
今天的风	（很）大
明天	不休息
我	告诉他这件事了
我	对这件事感兴趣

（三）根据课文回答问题

1. 李明爱来中国学习多长时间了？
2. 李明爱刚来中国的时候，住在哪儿？
3. 李明爱是自己找的房子吗？
4. 那个房子离学校多远？
5. 租那个房子一年大概多少钱？
6. 金美尚现在一个月一般花多少钱？
7. 住在校外的好处是什么？
8. 住在校外的坏处是什么？
9. 你会在校外租房子吗？为什么？

（四）选词填空

包括　孤独　地点　熟悉　接触　朝　签订　详细

1. 他刚来，对这儿的情况还不太_____。
2. 会议的时间、_____请提前一个星期通知大家。
3. 房子的窗户_____着北边儿，所以冬天很冷。
4. 请你_____谈谈你对这个问题的看法。
5. 两个公司谈得很好，明天就要_____合同了。
6. 他买了很多学习用的东西，_____笔、本子、书包什么的。
7. 年轻时多_____各种各样的人有好处。
8. 节日的时候，一个人在国外会觉得特别_____。

第四十二课　比住在学校多花几百块钱

（五）用所给词语改写句子

1. 请你介绍你们的国家的情况。（把）
   _____。

2. 请大家读这一课的课文。（把）
   _____。

3. 十一月了，天气开始冷了。（起来）
   _____。

4. 大家喝酒喝得很高兴，就开始唱歌了。（起来）
   _____。

5. 老人大概七十岁左右。（上下）
   _____。

6. 我们那儿的房子越来越贵了，一平方米都七千块钱左右了。（上下）
   _____。

（六）用所给词语完成句子

1. _____，没看见我。（朝）
2. 他看见老师，_____。（朝）
3. 他七点半到学校的，_____。（比）
4. 今天真倒霉，_____。（把）
5. _____，但没有你说得那么厉害。（是）
6. 大家都想星期天出去玩儿，_____。（而）
7. 中国的面积是九百六十万平方公里，_____。（而）
8. 这个学校的留学生_____。（等）

（七）改错句

1. 你把你的家庭情况介绍吧。
2. 我最近去了几个大城市，包括北京、上海、哈尔滨等等地方。
3. 他比我喝多了一瓶啤酒。
4. 我比丁荣穿衣服少了一件。

5. 晚会上大家很高兴，一起唱歌起来。

6. 每天八点钟上下，他才下班。

7. 他是一个聪明而懒的学生。

8. 两个小时才作了这么一点作业，你的学习效率太慢了。

(八) 综合填空

1

我是法国人，_____保罗，是去年_____为交换留学生来中国学习汉语的。我以前没有来_____中国，但我_____中国的历史和传统文化很感兴趣。虽然刚来时我一点儿汉语也不会说，生活也不_____习惯，但我不感到_____寞，因为老师和周围的中国人都很热情地帮助我，所以，我很快_____适应了。我的汉语进步得也_____快，老师经常表_____我。

2

从_____，新疆有一个非常聪明的人，他叫阿凡提（Āfántí）。他们那儿的国王（guówáng king）特别坏，大家都很害怕_____。但是阿凡提不怕，走到哪儿就在哪儿说国王的_____话。国王气得要_____，就把阿凡提_____抓起来了，要杀（shā kill）他。可是，最后阿凡提不____没有被国王给杀掉，还得到了国王送的许_____黄金，阿凡提把它们都送给了那些没钱吃饭的人。你能_____到阿凡提用了什么办法吗？

(九) 选择合适的词语

北京的街道大部分是南北方向__1__东西方向的，很清楚。但北京实在是座"巨大"的城市，有时__2__让人找不着东南西北。因此，__3__我这个外地人来说，地图就成了不__4__少的东西。到北京上学后，我就下决心逛__5__北京。__6__到周末或节假日，我常叫__7__朋友一起骑车出去逛，地图也就成了书包里的常客。出发前，几个人在地图前先决定路线；路上，顺着地图上的一个个地名找___8___，每找到一个，我们就觉得是一种胜利，心里特别高兴。现在，我已经可以骄傲地说，北京有名的风景点我都去过了，而且，在北京，我差不多不会迷路了。

1. A. 还　　　　B. 还是　　　　C. 或者
2. A. 能　　　　B. 会　　　　　C. 可以
3. A. 从　　　　B. 对　　　　　C. 在
4. A. 会　　　　B. 想　　　　　C. 能
5. A. 遍　　　　B. 光　　　　　C. 成
6. A. 各　　　　B. 另　　　　　C. 每
7. A. 上　　　　B. 到　　　　　C. 出
8. A. 出去　　　B. 过去　　　　C. 上去

（十）阅读理解

租房的时候，我们应该注意什么呢？先来看一个故事。

王阿姨说，她两年前把一套两室一厅的房子租给了四名刚毕业的大学生。签订合同时，她发现他们很细心，不仅仔细地看了合同，还认真地加了一条：时间到了以后，他们可以优先（yōuxiān have priority）用原来的价格再租房子。后来，大学生们又再租了两次，一共住了两年半。那段时间里，外面的房租虽然越来越高，但王阿姨只能按原价收房租。这四个年轻人租房时的细心（xìxīn careful），对许多想要租房的人来说，是一个很好的经验。

现在很多人会一起租房子。如果是跟不认识的人一起租，一定要留下合租人的身份证、工作证等的复印件和联系电话，想办法了解一下他说的情况是不是真的，并商量好怎么付物业管理费、水电煤气费等。签订租房合同的时候，一定要一个字一个字、一条一条看得特别仔细。住进房子以前应要求房东跟你一起看清楚有多少家具、电器等。比如有几把椅子，什么家具，哪里有问题等；还要跟房东看好水表、电表上的数字，看看以前的房客电话费付没付完……这些都要在纸上写明，并让房东签字。小心才能更好地保护自己。

1. 根据文章判断正误

（1）王阿姨的房子有两个房间。　　　　　　　　　　（　）
（2）年轻人跟王阿姨一次签订了两年半的合同。　　　（　）
（3）王阿姨的房子太贵了，所以没有别的人租。　　　（　）
（4）你不用知道跟你一起租房子的人的身份证号码。　（　）
（5）租好房子后，应该跟合租人好好商量怎么付房租。（　）
（6）住进去以前，应该跟房东写清楚房子里有什么东西。（　）

2. 解释词语

（1）房东——
（2）房客——
（3）房租——
（4）合租人——

文化小贴士 Proverbs

举一而反三，闻一而知十。

Jǔ yī ér fǎn sān, wén yī ér zhī shí.

Draw inferences about other cases from one instance, judge the whole from one sample.

本课听说生词

样	句子	涨	修理	什么样	舍不得	书法
无所谓	处	唉	鸟	分配	后年	葡萄
庆祝	瓶子	完全	骗	室	厅	朝向
远近	距离	公共	基本	明白		

第四十三课　波伟的故事

语法项目：

1. 趋向补语的引申用法：……出来

   把他的故事写出来了

2. 强调（2）：一……也／都+没／不

   汉语我一句话也不会说。

3. 趋向补语的引申用法：……起来（4）

   我忽然想起来了，以前我没跟他见过面。

4. 程度补语（6）：……不得了

   好吃得不得了

5. "把"字句（4）："把"+宾₁+动+"成／作"+宾₂

   我们把猪肝看成了蘑菇。

重点词语：

1. 某：他像我见过的某个人。

2. 于是：于是，我们就看其他中国人吃什么

3. 根本：根本不是蘑菇

4. 原来：原来我们把猪肝看成了蘑菇。

功能项目：

谈论生活经历

一、课文

留学生在中国生活，会有很多新奇的经历。现在波伟把他的故事写出来了，既生动又有趣。让我们一起来看看吧。

（一）一个笑话

刚来的时候，汉语我一句话也不会说，更不了解中国的社会文化和风俗习惯，所以闹过一个大笑话。

那时候，我常常去办公室。办公室里有一位六十多岁、性格温和的老师，第一次看到他的时候，我就觉得他像我见过的某个人，却想不起来是谁。几天后，我忽然想起来了：实际上，我以前没跟他见过面，是因为他的脸圆圆的，很像可爱的大熊猫，所以我才觉得他有点儿熟悉。

从小到大，大熊猫都是我最喜欢的动物。后来又看见那位老师的时候，我很兴奋地对他说："老师，我觉得您很像大熊猫。"老师的脸一下子就红了。办公室里的其他人没有说什么，但看起来也都有点儿不好意思的样子。

我却根本不明白这是为什么。

后来,那位老师开始教我们初级阅读课。有一天,正好讲到大熊猫。老师好像无意地说:"大熊猫是一种可爱的动物,可以用来形容小孩子,如果用来形容大人、尤其是老人就不太合适了。"听了老师的话,我的脸红到了耳朵根。

(二) 吃中国菜

生活中,我最喜欢的一件事儿就是吃饭。刚来中国的时候,我在食堂吃饭,不会用筷子,而且觉得中国菜比较油,所以吃得很少,我担心自己会饿瘦了。

不久以后,我开始渐渐习惯吃中国菜了。又过了一段时间,我就变得非常喜欢吃中国菜了。"除了桌子,有腿的什么都可以吃。"这句话是我来中国以后才第一次听说的。刚听到这句话时,我很惊奇。可是,在中国呆了几个月以后,我就明白了。中国食物的种类真的非常丰富,而且都好吃得不得了。

对周围的环境慢慢熟悉以后,我和朋友开始去外面的饭馆儿、餐厅吃饭。一开始,我们不会点菜,因为看不懂菜谱上的汉字。于是,我们就看其他中国人吃什么,或者看菜的照片,看起来什么好吃就点什么。有一次,我们觉得别人吃的洋葱炒蘑菇不错,就点了那个菜。可菜上来以后仔细一看,根本不是蘑菇,原来我们把猪肝看成了蘑菇。不过,现在我们点菜已经完全没问题了,而且还知道点什么菜又经济又好吃呢!怎么样?水平不低吧!

有个笑话说,想成为世界上最幸福的男人有三个条件,其中一个是"每天能吃到中国菜"。我相信这一条是真的,因为三个月来,我不但没瘦,还胖了几公斤。

二、生词

1. 新奇	adj.	xīnqí	strange, novel, new, newness	
2. 经历	v./n.	jīnglì	go through, experience	乙
3. 生动	adj.	shēngdòng	vivid, impressive	乙
4. 有趣	adj.	yǒuqù	interesting, amusing	乙
5. 闹	v./adj.	nào	make a fool of oneself	乙
6. 性格	n.	xìnggé	character, personality	乙
7. 温和	adj.	wēnhé	(of climate) temperate, mild, gentle, kindly	丙
8. 某	pr.	mǒu	certain, some; indefinite person or thing	乙
9. 实际	n./adj.	shíjì	reality, practice; practical; real, actual, concrete	乙
10. 大熊猫	n.	dàxióngmāo	panda	乙
11. 初级	adj.	chūjí	junior, primary	乙
12. 阅读	v./n.	yuèdú	read, reading	乙
13. 无意	v./adv.	wúyì	have no intention (of doing something), accidental	丁
14. 来	v.	lái	used before a verb to express an intention to do sth.	乙

15.	形容	v.	xíngróng	describe	乙
16.	大人	n.	dàrén	adult, grownup	
17.	尤其	adv.	yóuqí	especially, particularly	甲
18.	油	n./adj.	yóu	oil, fat, grease, petroleum; greasy, fatty, oily	乙
19.	不久	adv.	bùjiǔ	soon after, before long	甲
20.	惊奇	v.	jīngqí	be surprised, be amazed	丙
21.	呆	adj./v.	dāi	(of brain) blunt, dull; blank, dumbstruck; stay, spend	乙
22.	种类	n.	zhǒnglèi	kind, sort, type, variety	丙
23.	不得了	adj.	bùdéliǎo	(of degrees) extremely; (of situations) terrible, desperately serious	乙
24.	餐厅	n.	cāntīng	dining-hall, rathskeller, refectory	乙
25.	菜谱	n.	càipǔ	menu	
26.	于是	conj.	yúshì	so, then, thereupon, hence	乙
27.	洋葱	n.	yángcōng	onion	
28.	蘑菇	n.	mógu	mushroom, agarics	丁
29.	根本	n./adj./adv.	gēnběn	foundation, base; bedrock, at all radically, thoroughly	乙
30.	猪	n.	zhū	pig	甲
31.	肝	n.	gān	liver	乙
32.	成为	v.	chéngwéi	become, turn into	乙
33.	公斤	m.(n.)	gōngjīn	kilogram, kg	甲

本课新字

| 性 | 某 | 熊 | 猫 | 初 | 形 | 尤 | 油 | 呆 | 类 |
| 谱 | 洋 | 蘑 | 菇 | 猪 | 肝 |

三、注 释

（一）闹过一个大笑话 made a big stupid mistake/made a fool of oneself

闹笑话，指因为粗心大意或者缺乏某个方面的知识或者经验而发生可笑的错误。如：

The expression 闹笑话 means one makes a stupid mistake because of carelessness or lack of some knowledge or experiences. For example:

（1）我刚到上海的时候，因为听不懂上海话，常常闹笑话。

（2）老师说："遇见不认识的汉字要查字典，乱猜会闹笑话。"

（二）我的脸红到了耳朵根。 My face blushed to the ear.

形容非常不好意思。

Feel very much embarrassed.

（三）三个月来 since three months

"来"，用在时间词语后面表示从过去某时到说话时为止的一段时间。如：

"……来", It is used after a phrase or expression of time, meaning a period of time from a certain past time to the present. For example:

（1）三年来，他差不多天天帮助那位学习不太好的同学。

（2）经过几个月来的努力，他的汉语水平有了很大提高。

四、语法

(一) 趋向补语的引申用法：……出来

The extensive usage of tendency complement: ……出来

趋向补语"出来"的引申用法是可以表示结果的意义，表示事物从没有到有，从不清楚到清楚，从不明显到明显。如：

The extension usage of tendency complement 出来 can mean the result, indicating something from zero to some, from unclear to clear, from vague to evident. For example:

(1) 天冷了，妈妈把大家冬天穿的衣服找出来了。
(2) 你把你的想法写出来吧。
(3) 这件事儿怎么办？你想出办法来了没有？
(4) 昨天的事儿是谁干的？你问出来了吗？

(二) 强调（2）：一……也/都+没/不   Emphasizing: not ... at all.

汉语中有多种方法可以用来表示不同的强调。由"一"构成的数量结构后接一个否定的谓语形式用来强调否定。"一"前也可以加上介词"连"。如：

There are various usages to express different emphasizes. A number-measurement structure formed by 一 can be followed by a negative predicate so as to emphasize negative. The preposition 连 can be inserted before 一. For example:

(连) 一 + …… + 也/都 + 没/不 + ……					
(1) 汉语他	(连) 一	句	也	不	会说。
(2) 中国电影我	(连) 一	次	都	没	看过。

(三) 趋向补语的引申用法：……起来（4）

The extensive usage of tendency complement: ……起来（4）

趋向补语"起来"表示动作的完成。可以表示动作达到了一定的目的或结果，也可以表示聚拢的意思。如：

The tendency complement 起来 indicates the accomplishment of an action. It may mean that the action has achieved a certain aim or result. For example:

（1）我想起来了，我们在一起开过会。
（2）这两年，城里建起来很多新房子。
（3）考试马上开始了，请大家把桌子上的书和本子收起来。
（4）把这些东西包起来吧。

（四）程度补语（6）：……不得了
Complement of degree (6)：……不得了

这是由"得"连接副词"不得了"构成的程度补语。一般用于口语，表示程度高。"不得了"既可以用在形容词后，也可以用在表示心理活动和感觉的动词后。如：

This is a complement of degree formed by connecting 得 and adverb 不得了。The complement of degree 不得了 (very much) is usually used in spoken Chinese, meaning a very high degree. It can be used after the verbs expressing psychological activities and feeling as well as after the adjectives. For example:

（1）这个城市的夏天热得不得了，冬天又冷得不得了。
（2）她想孩子想得不得了。

（五）"把"字句（4）："把"+宾$_1$+动+"成／作"+宾$_2$
把-sentence: 把 + O_1 + V +成／作 + O_2

"把"字谓语动词后最常见的成分是各种补语，"成／作"是结果补语。"宾语$_2$"是动作的对象或受动者，"宾语$_2$"表示"宾语$_1$"变化的结果或具有认定意义。

Most of the components followed the verb in a 把-sentence are various complements, 成／作 forms a result complement. Object 1 is the object or accepter of the verb action. Object 2 is the result of Object 1, or maintaining.

主 + "把" + 宾₁ + 动 + "成／作" + 宾₂
（1）他　　把　那本书　翻译　成　了　英文。
（2）我　　把　他妹妹　当　成　　他女朋友　了。
（3）我可以把　你　　　当　作　　姐姐　　　吗？

五、重点词语

（一）某　some，uncertain

[代] 1. 指不确定的人或事物。用在名词、数词"一""几"或量词的前面。如：

[pr.] It indicates uncertain people or thing. It is used before nouns, numbers 一 or 几 and measure words. For example:

（1）某校有三百名学生参加了 HSK 考试。

（2）某一个或者某几个人有不同意见是正常的。

（3）他出生在南方某个城市。

2. 指代不愿意说出、没必要说出或者说不出来的人或事物。可直接放在名词前面，有时，名词前也可有数量词。如：

To indicate somebody or something that one will not speak out or is unnecessary to speak out. It can be put before a noun directly. Sometimes, numbers or measure words can also be added before the noun. For example:

（1）最近，班上某同学经常不做作业。

（2）几年前，他曾在北京某个大学工作过。

3. 用在姓氏后，指确定的人。如：

To indicate a certain person, it is used after the surname. For example:

（1）同事王某也问过他这件事情。

（2）几年前张某曾被抓起来过。

(二) 于是　then

[连] 表示承接关系，即后面的事是接着前面的事发生的，而且往往是由前面的事引起的。常连接小句或句子。可以用在主语后。如：

[conj.] meaning continuing, i.e., the later occurs after the former one, and is normally caused by the former. It is used to connect clauses or sentences. It can be used after the main clause. For example:

(1) 丁荣病了，波伟建议我们去看看她，于是，下课以后我们一起去了丁荣的宿舍。

(2) 写完作业，时间还早，丁荣于是又看了一会儿电视。

(三) 根本　bedrock, at all

1. [名] 事物的根源或最重要的部分。如：

[n.] the source or most important part of something. For example:

(1) 经济是一个国家发展的根本。

(2) 应该从根本上考虑解决问题的方法。

2. [形] 主要的、重要的。如：

[adj.] main, important. For example:

(1) 他成绩不好的根本原因是学习不努力。

(2) 他最根本的问题是不努力。

3. [副] 彻底。如：

[adv.] completely, thoroughly. For example:

(1) 问题已经根本解决。

(2) 你的想法根本错了。

也指从头到尾，从来。多用于否定句。如：

It is also imdicates from top to bottom, every inch. It is mainly used in a negative sentence. For example:

(1) 他根本没来过中国。

(2) 我根本没说过这样的话。

(四) 原来

前面我们已经学过了"原来"的名词用法和形容词用法。如：

We have leanrt the usuage of nouns and adjectives of the expression 原来 (original, formal). For example:

（1）现在的生活比原来好多了。

（2）他还住在原来的地方。

本课，我们学习"原来"的副词用法，表示发现以前不知道的情况，含有醒悟的意思。可以用在主语前，也可用在主语后。如：

In this lesson, we will study the adverb usage of 原来, meaning not knowing in advance. It implies to understand or learn suddenly. It can be used before or after the subject. For example:

（1）小王今天没来上课，原来他病了。

（2）大家都在找你，你原来在这儿！

六、练习

（一）朗读短语

经历丰富	经历事情	生动的故事	生动的语言	闹笑话
闹着玩儿	某同学	某个学校	张某	刚来不久
离开不久	食物的种类	仔细阅读	十年来	一个学期来
问题的根本	根本原因	根本没有	根本不对	性格温和
性格活泼	想起来	包起来	看出来	写出来
尤其讨厌	尤其是他	好得不得了	难看得不得了	成为明星

(二) 替换练习

1. 汉语 他一句（话）也没说过。

汉字	个（字）	写
英文歌	个	唱
鸡肉	口	吃
自行车	次	骑

2. 我把猪肝看成了蘑菇。

四点	听	十点
烟	说	盐
500块	看	50块
她姐姐	当	她

3. 她把他们的故事写出来了。

衣服		洗
做那件事儿的人		找
那个人的名字		问

4. 他把东西收拾起来了。

冬天穿的鞋		收
那些不看的书		放
旅行用的东西		包

(三) 根据课文回答问题

1. 波伟来中国以前学过汉语吗？
2. 波伟以前见过那位老师吗？
3. 波伟为什么觉得好像见过那位老师？
4. 波伟为什么脸红了？
5. 开始的时候，波伟为什么吃得比较少？
6. 波伟后来觉得中国菜怎么样？

7. 波伟他们刚开始怎么点菜？现在点菜怎么样？

8. 你喜欢中国菜吗？喜欢什么菜？

9. 你自己去中国饭馆儿吃过饭吗？

10. 你自己点过中国菜吗？你怎么点？

（四）选词填空

> 形容　尤其　生动　某　性格　惊奇　闹　无意　有趣　菜谱

1. 他讲的故事太_____了，大家听了都笑起来了。

2. 他的_____些习惯真的不太好。

3. 别_____了，快做作业吧。

4. 王老师上的课很_____，学生们特别喜欢。

5. 小张不喜欢吃肉，_____是猪肉。

6. 听到这样的事儿，他很_____。

7. 汉语常用花来_____美丽的女孩子。

8. 小姐，请把_____拿给我看看。

9. 她这种爱说爱笑的_____很受人欢迎。

10. 我是_____中发现这个问题的。

（五）用趋向补语"起来、出来"填空

1. 她大声地笑_____。

2. 他的问题你能看_____吗？

3. 天气渐渐地暖和_____了。

4. 我想不_____把书放在哪儿了。

5. 你想想有没有什么好办法吧，我实在想不_____。

6. 这件衣服看_____不错，穿_____不舒服。

7. 要是你有什么问题，就提_____跟大家一起讨论讨论吧。

(六) 用所给词语完成句子

1. _____，觉得特别寂寞。（一……也＋不／没）
2. _____，闹了个大笑话。（成）
3. _____，大家讨论讨论吧。（出来）
4. _____？我们在阿里的生日晚会上见过面。（起来）
5. 他很喜欢看小说，_____。（尤其）
6. 听说这件事，_____。（不得了）
7. _____，所以不知道怎么回答。（根本）
8. _____，学习到了很多新的知识。（来）

(七) 改错句

1. 刚来的时候，我一个中国人也没认识。
2. 他翻译这本书成了英语。
3. 他把那个很难的问题想想出来了。
4. 你想出来了吗？我告诉过你这个问题。
5. 一会儿就要出发了，你怎么还没有收拾起来行李呢？
6. 北京烤鸭好吃不得了，让人吃了还想吃。
7. 我根根本本不知道这件事。
8. 上个月来，他一直在感冒、发烧。

(八) 综合填空

她们在商场里逛了三个多小时，转_____整个商场，身上的钱差不多用_____了。虽然有点儿累，丁荣的脚还被踩了一_____，但漂亮的衣服买_____了，新鞋也穿_____了，而且因为打折，还_____了不少钱，两个人都很兴奋。李明爱说回_____以后_____告诉其他同学，让他们不要_____过这个买东西的好机会。

2

大卫是英国人，现在他是一＿＿＿很有名的中学的外＿＿＿。在北京生活了五年＿＿＿的大卫说着一＿＿＿流利的汉语。他来中国发展有一个重要的原因，那＿＿＿是他的上海妻子小亚。他们刚开始相处时，大卫担心小亚的父母不能接＿＿＿自己是个外国人。一次，两位老人来北京，大卫陪着他们一起吃饭、聊天、游北京，很热情，他的表＿＿＿让两位老人渐渐喜欢＿＿＿了他。最后，他才把他和小亚的关系跟老人说＿＿＿，老人很快同意了。现在，大卫和小亚在北京过着幸福的生活。

（九）选择正确的位置

1. 最初 A 建故宫的时候，永乐皇帝 B 朱棣 C 把故宫 D 建成一万间。　　　　　　　　　　　　　　　　　　　　　　　　　　（打算）
2. 刚来 A 的时候，汉语我一句话也不会说 B，更别说了解 C 中国的文化和习惯 D。（了）
3. 他做 A 一个梦 B，梦见 C 天上的玉皇大帝很生气 D。（了）
4. A 现在阿里 B 把他的故事写出来了，C 生动 D 有趣。（而）
5. A 他 B 的脸一下子就红了，C 我 D 不明白这是为什么。（却）
6. A 三个月 B，我不但没瘦，还胖了三 C 公斤 D。（来）
7. 于是 A 他 B 说："玉帝，我地上的宫殿 C 哪能跟您这天宫 D 一样呢！"（立刻）
8. 一个月 A 过去了，大家都 B 不知道 C 怎么办才 D 好。（该）

（十）阅读理解

范仲淹（Fàn Zhòngyān）是中国古代一位有名的文学家、政治家。他在浙江杭州做官（guān officer）的时候，浙江东部、西部的粮食都运（yùn carry transport）不进杭州，杭州人很快就要没饭吃了，粮食的价格也开始越来越高。价格刚到一斗粮食一百二十钱的时候，范仲淹就命令（mìnglìng order）把粮食的价格提高到一斗粮食一百八十钱。大家都不知道他为什么要这样做。范仲淹还让人在很多地方都贴出了通知,说杭州老百姓非常需要粮食,粮食的价格已经是一斗一百八十钱了。因为可以赚钱(zhuàn qián make money),所以很多商人就不分白天黑夜地赶快把粮食运到杭州来。他们都想:要是晚了,就赚不到钱了。粮食从各个地方运进了杭州。于是,价格也就降下来了,又变成一斗粮食一百二十钱了。

判断正误:

1. 杭州是浙江的一个地方。   (   )
2. 范仲淹在杭州做官的时候,老百姓没有饭吃。   (   )
3. 要买粮食的人很多,所以粮食的价格很快变成了一斗一百八十钱。   (   )
4. 范仲淹为了让商人多赚钱,就提高了粮食的价格。   (   )
5. 从文章可以知道,范仲淹是一个又聪明又爱老百姓的好官。   (   )

文化小贴士 Proverbs

己所不欲,勿施于人。

Jǐ suǒ bú yù, wù shī yú rén.

Do not do onto others what you would not be done by.

本课听说生词

吵闹	干部	来回	科学	帅	兄弟	讨论
白酒	恋爱	拿手	完整	手绢	口袋	吵架
题目	挡	子孙	代	神仙	荤	素
豆腐	做法	区别	咸	主要		

第四十四课　比赛给她留下了深刻印象

语法项目：

1. 趋向补语的引申意义：上（表示达到目的，实现了理想的结果）

　　赶上　追上

2. 可能补语（2）：V+得过／不过

　　打不过

3. 趋向补语的引申意义：下（表示容纳、完成）

　　可以坐下八万人　拿下比赛　留下深刻印象

4. "把"字句（5）：主＋"把"＋宾＋动＋"了／着"

　　她在上海的朋友很早就给她把票买了。

重点词语：

1. 不得不：李明爱不得不使出了全部的力量。

2. 连续：张文又连续胜了两局。

3. 表现：
　　刘翔在这场比赛中一定会有很好的表现。

4. 永远：她永远都不会忘记这场精彩的比赛。

功能项目：

谈论体育运动

51

一、课文

(一)张文拿下了比赛

李明爱的业余爱好是打球,排球、乒乓球打得都很好。张文的乒乓球打得也不错。昨天,她们俩打了一场比赛。

比赛一开始,两人就打得十分激烈。张文的比分一直比李明爱高一点儿,但是李明爱打得很积极,最后追上并超过了张文。第一局,李明爱 15:13 赢了。

第二局的时候,一会儿张文的比分高一点儿,一会儿李明爱的比分高一点儿。最后李明爱输了,比分是 9:11。从第三局起,形势发生了变化。虽然李明爱不得不使出了全部的力量,但还是打不过张文。张文又连续胜了两局,最后 3:1 拿下了比赛。

这场激烈的比赛给李明爱留下了深刻的印象。赛后,她跟张文聊起了中国的乒乓球运动,并问她为什么打得那么好。张文说,乒乓球是中国最流行的运动,在城市和农村都开展得很普遍。因为打乒乓球不需要很大的空间,只要能放下一张小小的球桌就可以;不需要很多钱,跟其他运动比，乒乓球桌、球拍和球都不太贵。所以，什么地方、什么时候、什么年龄的人都可以玩儿乒乓球。很多经济不发达的农村小学都可以打乒乓球。上学的时候，张文的学校每个星期都有乒乓球课，下课以后，她也常常和朋友们一起打球，因此，她的乒乓球打得很不错。

(二) 刘翔跑得过他吗？

李明爱爱好运动，也喜欢看体育比赛。她特别喜欢中国运动员刘翔，来中国不久，正好刘翔参加上海的一个重要比赛。上海是刘翔的家乡，李明爱相信，刘翔在这场比赛中一定会有很好的表现。她当然不会错过这个好机会，她在上海的朋友很早就给她把票买了，周末她就去了上海。

比赛是在上海一个体育场举行的。这个体育场很大，能坐下八万人，那天晚上，座位全坐满了。李明爱她们从来没有看见过那么多人！

比赛快开始了。刘翔在第五条跑道，他最强的对手——美国著名运动员约翰逊在第四道。枪响了，约翰逊第一个冲了出去，他开始跑得非常好，而刘翔却跑得十分一般。而且，前半段约翰逊一直比刘翔跑得好。刘翔跑得过约翰逊吗？李明爱开始担心起来。不过，刘翔很快就跑得越来越好，到一半儿的时候，刘翔就几乎赶上约翰逊了。机会终于来了，约翰逊在后半段出现了一点儿小问题，而刘翔最后却跑得非常漂亮。他终于超过了约翰逊，获得了这场比赛的冠军,成绩是 13 秒 07。

　　李明爱和所有观众一样,为刘翔的胜利高兴得喊了起来。刘翔在比赛中努力到了最后一秒,这种积极的态度也给李明爱留下了深刻的印象。她永远都不会忘记这场精彩的比赛。

二、生 词

1. 业余	adj.	yèyú	nonprofessional, amateurish	乙
2. 激烈	adj.	jīliè	intense, acute, keen	乙
3. 比分	n.	bǐfēn	score	丁
4. 积极	adj.	jījí	positive, forward-looking active	乙
5. 追	v.	zhuī	chase after, pursue, run after	乙
6. 并	conj.	bìng	and, besides	乙
7. 局	m.(n.)	jú	round (a measure word)	丙
8. 形势	n.	xíngshì	situation, circumstances conditions	乙
9. 不得不		bùdébù	have to, cannot but, have no choice or option but to	乙
10. 使	v.	shǐ	use, employ, apply do sth	乙
11. 全部	n.	quánbù	all, entire, whole, total	甲
12. 力量	n.	lìliàng	strength, power, force, ability	乙
13. 连续	v.	liánxù	successive, continuous, consecutive, running serial, on end	乙
14. 胜	v.	shèng	win a victory, succeed	乙

第四十四课　比赛给她留下了深刻印象

15. 深刻	adj.	shēnkè	impressive, profound	乙
16. 印象	n.	yìnxiàng	impression	乙
17. 流行	v./adj.	liúxíng	prevalent, popular	丙
18. 开展	v.	kāizhǎn	develop, launch, unfold	乙
19. 普遍	adj.	pǔbiàn	universal, general, common	乙
20. 空间	n.	kōngjiān	space, open air	乙
21. 拍(子)	n.	pāi (zi)	bat	丙
22. 发达	adj.	fādá	developed	乙
23. 运动员	n.	yùndòngyuán	athlete	乙
24. 体育场	n.	tǐyùchǎng	sports field, stadium	乙
25. 跑道	n.	pǎodào	track, running track	丁
26. 强	adj.	qiáng	strong, powerful, competitive	乙
27. 对手	n.	duìshǒu	opponent, adversary	丁
28. 枪	n.	qiāng	rifle, gun; gun-shape thing	乙
30. 赶	v.	gǎn	catch up with, overtake	乙
31. 获得	v.	huòdé	obtain, acquire, achieve	乙
32. 秒	m.(n.)	miǎo	second	乙
33. 胜利	v./n.	shènglì	win victory, success	甲
34. 永远	adv./adj.	yǒngyuǎn	always, forever, ever	甲

本课新字

余　烈　追　势　普　达　强　枪　获　秒
永

三、注释

(一) 第一局，李明爱 15:13 赢了。

For the first round, Li Ming'ai won by 15 to 13.

乒乓球比赛现在多实行 11 分制。比赛规则规定，先得 11 分的一方为胜方。10 平后，先多得 2 分的一方为胜方。

11-system is used in table tennis match. According to the regulation, the one who gets 11 scores first wins. When the score is even at 10, the one who gets 2 more scores first wins.

(二) 她特别喜欢中国运动员刘翔。

She likes Liu Xiang, the Chinese athlete very much.

刘翔，男，1983 年 7 月 13 日出生于上海，身高 1.88 米，运动项目为田径 110 米跨栏。刘翔在 2004 年雅典奥运会上以 12 秒 91 的成绩平了英国名将科林·杰克逊保持的世界纪录。这枚金牌是中国男选手在奥运会上夺得的第一枚田径金牌，也是整个亚洲在田径短跑项目上获得的第一枚金牌。

Liu Xiang, male, was born in Shanghai on July 13,1983. With the height of 1.88m, he is good at 110 m-hurdle race. In the Athens Olympic Games in 2004, Liu Xiang made the same world record of 12"91, which was first made by Collin Jackson, the famous British athlete. He was awarded a gold medal. It was the first one got by Chinese athletes in field race in Olympic Games, and was also the first one in the whole Asia in short race programs.

四、语法

(一) 趋向补语的引申意义：上 Extension of tendency complement: 上

趋向补语"上"可以引申表示达到目的或实现了理想的结果。这种用法在口语中较多。如：

上，the tendency verb can express the result of reaching the aim or of realizing the dream. This kind of usage mostly appears in spoken Chinese. For example：

（1）他终于考上了大学。

（2）我姐姐去年住上了新房子。

（二）可能补语（2）：V+得过／不过
Possibility complement (2): V+得过/不过

趋向动词"过"可以用在动词后面，表示超过或胜过。如：

过，the tendency verb can be used after a verb, meaning exceeding, better than. For example：

（1）写汉字我比不过你。

（2）我哪儿打得过他呀！

（三）趋向补语的引申意义：下（表示容纳、完成）
Extension of tendency complement: 下 (containing, fulfillment)

趋向补语"下"可以表示不同的结果意义。

下, the tendency complement, can mean different results.

1. 表示容纳。如：

It means containing. For example:

（1）教室太小，坐不下一百人。

（2）这个包挺大的，这些东西都能装下。

2. 表示动作完成，兼有分离或使结果固定的意义。如：

It means fulfillment of an action, which also plays the role of separation or fixing the result. For example:

（1）进门以后，她脱下了外套。

（2）他没有给我留下地址。

（3）他们三比二拿下了比赛。

（4）这件事给他留下了深刻的印象。

(四)"把"字句(5):主+"把"+宾+动+"了/着"
把-sentence: S + 把 + O + V + 了/着

动词后面带助词"了"、"着"是"把"字句的一种重要形式,这是我们学习的第五种"把"字句。如:

It is one of the important structures of 把-sentence by adding an auxiliary 了 or 着 to the verb, This is the 5th type of 把-sentence we study. For example:

(1)把饭吃了。

(2)她把钱包丢了。

只在动词后带一个"了"就可以成立的"把"字句对动词有较强的选择性,不是所有动词都可以。一般来说,只有表示动作一旦发生就会有结果的动词才可以这样用。如,"把饭吃了","吃"的动作一旦发生,"饭"就会减少。此类动词常见的有:吃、喝、丢、掉、扔、摔、停、关、倒、卖、寄、忘等。有时,如果是一件听说双方都知道要做或会做的事,也可以用这种句式。如:

If a 把-sentence can be formed only by adding 了, it must select its predicate verb. Not all the verbs can be its predicate. Usually, only those verbs causing results immediately after the performance of the action can be use as predicate in such a sentence. For example:

我已经把知道的都说了。

有些"把"字句动词后也可以只用"着",一般为祈使句。此类动词常见的有:带、拿、背、放、摆、挂、开等。如:

Some 把-sentences can only be followed by 着, which are normally imperative sentences. Some of the often-used verbs are 带,拿,背,放,摆,挂, and 开 etc.. For example:

(1)你把东西拿着。

(2)别忘了把身份证带着。

五、重点词语

（一）不得不　have to

"得"，表示"许可"的意思，多用于书面语，在陈述句中一般用其否定形式"不得"。"不得不"的意思是"只好"，表示客观情况下必须这样做。后面必须带动词短语或"这样"、"如此"等词语。如：

The word 得 meaning permission, are mostly used in written Chinese. Usually its negative form（不得不）is used in a statement. The phrase 不得不 meaning "have not choice but". It means that something has to be done so under the objective condition. Verb phrases or "这样 (in this way)" and "如此 (so)" must be added to it. For example:

（1）由于买不到飞机票，他们不得不改坐火车。
（2）他母亲病得很厉害，他不得不提前回国。
（3）别说他了，他也是不得不这样。

（二）连续　continue

动词，意思是"一个接一个"。如：
It is a verb, meaning "one after another". For example:

（1）她工作非常负责，连续五年都是优秀教师。
（2）他已经连续工作三天没有休息了，累得不得了。

注意："继续"强调一个已经开始的活动"连下去，延长下去"；而"连续"强调一个时间段内活动不中断。如：

Note: The phrase 继续 focuses on the continuation of an already-started activity, while the phrase 连续 focuses on "no break" of an activity within a certain period of time. For example:

（1）你读得很好，继续读。

　　*你读得很好，连续读。

（2）你已经连续做了两个小时作业了，休息休息吧。

　　*你已经继续做了两个小时作业了，休息休息吧。

另外，"继续"可以后接时间词语单独作谓语，但"连续"一般不可以。如：

In addition, the phrase 继续 can be followed by words of time as a separate predicate, but the phrase 连续 can not be used in this way. For example:

大雨继续了三天三夜。

*大雨连续了三天三夜。

（三）表现　show，reflect

1.［动］表示出来。如：

[v.] show, reflect. For example:

（1）她的优点表现在许多方面。

（2）那天晚上，他表现得不太友好。

（3）这部电影表现了上世纪七八十年代的生活。

2.［动］故意显示自己（含贬义）。如：

[v.] show off on purpose (derogatory sense). For example:

（1）他想在女朋友面前表现表现。

（2）他总是想表现自己。

3.［名］表示出来的行为或作风。如：

[n.] manner or performance. For example:

（1）他这个学期的表现比上个学期好多了。

（2）她的表现让妈妈很难过。

（四）永远　forever，everlasting

［副］表示时间长久，没有终止。指将来。如：

[adv.] long time, no ending; in the future. For example:

（1）你永远是我的朋友。

（2）我永远都不会忘记我在中国的生活。

注意："永远"可以用在动词"没有"前，但不能用在副词"没有"前。

Note: The phrase 永远 can be used before the verb 没有, but not the adverb 没有. For example:

（1）他总是说忙，好像永远没有时间看书。

（2）*他永远没有注意时间。

   他从来不注意时间。

六、练习

（一）朗读短语

业余爱好	业余时间	业余运动员	专业运动员	印象深刻
第一印象	流行歌曲	流行黑色	表现自己	表现很好
积极参加	态度积极	获得成绩	把酒喝了	把书丢了
留下印象	拿下比赛	脱下衣服	赶上对手	体育比赛
永远健康	永远年轻	激烈的比赛	第一局比赛	经济形势
形势发展	全部力量	全部参加	普遍开展	开展调查

（二）替换练习

1. 他把 钱包 丢 了。

蛋糕	吃
东西	摔
房子	卖
电灯	关

2. 你把 孩子 抱 着。

身份证	带
词典	拿
这张小票	留
门	开

3. 教室太小，坐不下一百个人。

箱子	装	三十本书
包	放	两件毛衣
相册	放	很多照片
办公室	坐	五位老师

4. 他那么厉害，我肯定比不过他。

跑
说
考
打

5. 他终于追上了大家。

赶	那趟火车
考	北京大学
买	汽车
住	新房子

（三）根据课文回答问题

1. 有空儿的时候，李明爱喜欢做什么？
2. 第一局，李明爱赢了几分？
3. 第三局比赛李明爱输了还是赢了？
4. 她们一共打了几局？
5. 乒乓球在中国为什么很流行？
6. 刘翔是在哪儿出生的？
7. 上海体育场可以坐多少人？
8. 刘翔是什么时候超过他的对手的？
9. 为什么李明爱对这场比赛印象很深？

（四）选词填空

> 印象　深刻　业余　发达　流行　对手　形势　连续　积极　获得

1. 他是一位_____乒乓球运动员。
2. 他已经_____地认识到了自己的问题。
3. 我对她的第一_____非常好。
4. 最近几年，韩国的衣服在中国很_____。
5. 中国西部的很多地方经济还很不_____。
6. _____的发展跟很多人想的都不一样。
7. 打篮球，他不是你的_____。
8. 阿里上课的时候，常常_____地回答老师的问题。
9. 他_____了一个出国留学的机会。
10. 他_____胜了三场，很快就拿下了比赛。

（五）用所给词语改写句子

1. 她买了明天吃的菜。（把……了）

   _____。

2. 坐飞机要带身份证，你别忘了。（把……着）

   _____。

3. 他把自己的名字写在书上。（下）

   _____。

4. 波伟赢了这场乒乓球比赛。（下）

   _____。

5. 他跑步跑得比我快。（过）

   _____。

6. 他能喝五瓶啤酒，我只能喝三瓶。（过）

   _____。

7. 他终于有钱买汽车了。（上）

＿＿＿＿＿＿＿＿＿＿＿＿＿＿＿＿＿＿＿＿＿＿＿。

8. 吃了一个星期药，病还没有好，我只好又去了一次医院。（不得不）

＿＿＿＿＿＿＿＿＿＿＿＿＿＿＿＿＿＿＿＿＿＿＿。

(六) 用所给词语完成句子

1. ＿＿＿＿＿＿＿＿＿＿＿＿＿＿＿＿＿＿，妈妈很生气。（把……了）
2. 他的东西太多了，＿＿＿＿＿＿＿＿＿＿＿＿＿＿＿＿。（把……V+着）
3. 黄山的风景太美了，＿＿＿＿＿＿＿＿＿＿＿＿＿＿＿＿＿。（下）
4. ＿＿＿＿＿＿＿＿＿＿＿＿，真不知道什么时候才会停。（连续）
5. 努力了三年，＿＿＿＿＿＿＿＿＿＿＿＿＿＿＿＿＿＿。（上）
6. 在这次生词比赛中，＿＿＿＿＿＿＿＿＿＿＿＿＿＿＿。（获得）
7. ＿＿＿＿＿＿＿＿＿＿＿＿＿＿，我们大家都为他骄傲。（表现）
8. 中国就像我的第二个家乡，＿＿＿＿＿＿＿＿＿＿＿＿。（永远）

(七) 改错句

1. 下课以后，他赶快老师布置的作业做着。
2. 你把很多书拿着。
3. 他是学校运动会一百米的冠军，我不能跑过他。
4. 他现在表现表得比以前好多了。
5. 他永远没有去过国外。

(八) 综合填空

1

我们＿＿＿＿＿＿＿＿个留学生是在学校的篮球场和王明认识的，在这几个月＿＿＿＿＿＿＿＿，大家成了好朋友。＿＿＿＿＿＿＿＿个星期天，王明邀请我和安达去他家做客，说他妈妈早就想见＿＿＿＿＿＿＿＿我们了。我们两个人高兴＿＿＿＿＿＿＿＿了。因为以前没有去过王明家，王明说要到学校来接我们。我们说不用，让他画张路线图给我们就可以了，我们自己能找到。由于是第一次去中国人家里_____客，我们去问了老师应该注意_____些问题、买什么样的礼物，最后，我们决定带一_____花和一_____水果去。

2

2006年，德国_____行了世界杯足球比赛。世界杯_____间，全世界的人都在看足球。在家里，在酒吧，到处_____有很多人在看球。这次足球比赛虽然中国队不_____参加，但是中国人_____是很兴奋。很多球_____夜里三四点钟起来看球，酒吧常常找不到位_____。世界杯好像变_____了世界人民的节日。人们在这个节日里享受（xiǎngshòu enjoy）着体育带来的快乐。

（九）选择正确的说法

1. A. 前半段约翰逊一直比刘翔跑得好。
   B. 约翰逊一直前半段比刘翔跑得好。
   C. 前半段约翰逊比刘翔一直跑得好。　　　　　　（　　）

2. A. 李明爱也给这种积极的态度留下了深刻印象。
   B. 这种积极的态度给也李明爱留下了深刻印象。
   C. 这种积极的态度也给李明爱留下了深刻印象。　（　　）

3. A. 李明爱打得很努力，并最后追上超过了张文。
   B. 李明爱打得很努力，最后追上并超过了张文。
   C. 李明爱并打得很努力，最后追上超过了张文。　（　　）

4. A. 很多经济不发达的农村小学可以都打乒乓球。
   B. 很多经济都不发达的农村小学可以打乒乓球。
   C. 很多经济不发达的农村小学都可以打乒乓球。　（　　）

5. A. 这次一共有5万名网友参加了活动。
   B. 一共这次有5万名网友参加了活动。
   C. 这次有5万名网友一共参加了活动。　　　　　（　　）

6. A. 永远她都不会忘了这场精彩的比赛。
   B. 她永远都不会忘了这场精彩的比赛。
   C. 她都永远不会忘了这场精彩的比赛。（ ）

7. A. 对经济不发达的农村来说，每年几乎拿出一万元上下的学费是不可能的。
   B. 对经济不发达的农村来说，每年拿出一万元上下的学费是不可能的几乎。
   C. 对经济不发达的农村来说，每年拿出一万元上下的学费几乎是不可能的。（ ）

8. A. 在那个公司工作的几乎五年中，他每个星期都要坐飞机去外地。
   B. 在那个公司工作的五年中，他每个星期都几乎要坐飞机去外地。
   C. 在那个公司工作的五年中，他几乎每个星期都要坐飞机去外地。（ ）

（十）阅读理解

兔子（tùzi rabbit）坐在山洞（shāndòng cave）口打字，忽然，跑过来一只狐狸（húli fox）。狐狸跑到他的面前说："我要把你吃了！"兔子说："别急，等我把毕业论文打完！"

狐狸很奇怪："什么毕业论文？"

"我的论文是《狐狸为什么打不过兔子》。"兔子认真地说。

狐狸把头摇了摇，大笑起来："这太可笑了，我怎么会打不过你呢？"

兔子还是很认真，说："不相信你就跟我来，我证明（zhèngmíng prove）给你看。"他把狐狸带进山洞，狐狸再也没有出来。

兔子继续在洞口打字。一只狼（láng wolf）跑到他的面前，说："我要把你吃了！"兔子说："别急，让我把论文给打完！题目是《狼为什么没办法把兔子吃了》。"

狼大笑起来："别吹牛（chuī niú boast）了！我怎么可能吃不了你呢？"

"真的，我可以证明！"兔子带着狼走进山洞，狼再也没有出来。

兔子在洞口把他的论文打完，然后拿着论文走进山洞，交给了一头吃饱了的狮子（shīzi lion）。

判断正误：

1. 狐狸想知道自己为什么打不过兔子。（　）
2. 兔子认为自己比狐狸和狼厉害。（　）
3. 狼觉得自己一定能把兔子吃了。（　）
4. 狼和狐狸被狮子给吃了。（　）
5. 故事告诉我们，可以利用别人的力量办好自己的事情。（　）

文化小贴士 Proverbs

言必信，行必果。

Yán bì xìn, xíng bì guǒ.

Promise must be kept and action must be resolute.

本课听说生词

文学	地理	运动会	负责	对话	那样	吹牛
教授	报告	呀	名不虚传	作家	摇晃	管理
浪费	控制	下降	早晨	气象	到达	取得
小组	队员	广场	场地	太极拳	武术	活
长寿						

第四十五课 复习(九)

一、课 文

　　1978年改革开放以来，中国经济发展得很快，也取得了巨大的成果。为了让留学生能具体感受到这种变化，增加留学生对中国的了解，周末，办公室组织大家去中国"第一村"——江苏省江阴市的华西村参观。

　　丁荣对这次参观很感兴趣，她星期二就把名报了。参观活动安排在星期六，早上六点出发。那天，丁荣五点半就起床了。起床以后，她简单地吃了点儿东西，把行李收拾收拾，就去学校大门口上车了。去参观的人真不少，看起来有二百来个人，四辆车都快坐不下了。

　　因为比平时早起了一个小时，路上丁荣困得要命，一上车就睡起觉来。华西村离南京不太远，坐车大概两个小时左右。丁荣觉得才睡了没多长时间，就被带队的沈老师给叫醒了，沈老师笑着告诉她，华西村快到了。

　　不一会儿，他们就到了华西村，跟着村民小孙开始参观了。他们先参观了小孙自己的新家。这是一座两层的西式建筑，面积五百平方米上下。房间里有很多漂亮的家具，布置得很舒适。小孙的妈妈说，这房子是村里分给她的，价格大约三百来万元。

接着，他们又参观了老王的家。老王是一个残疾村民，他说："前两年，村里给我分了一套三层的楼房。去年我退休时，村里又给我换了这套四百五十多平方米的新房子……"老王边说边带大家楼上楼下地参观。老王家不但房子很大，而且家里有很多漂亮的家具和各种各样的家用电器……而老王，不过是华西村的一个普通村民。

"在村里，你一年的收入是多少呢？"参观完了，大家都好奇地问小孙。"去年，连工资，我一共拿了一百五十多万元。"小孙告诉大家。她还说，最初，华西村是一个穷村子。她家里不仅连一分钱存款也没有，而且还欠了债。而现在，华西村不但农业搞得很好，工业更发达。村里有很多工厂，他们制造的产品质量非常好，很多都出口到国外。现在，村里的钱已经超过二百六十亿元。村民们也都富了，现在他们家家住楼房，户户有汽车、有存款。

"如果可以的话，我愿意到这儿当一个村民。"这样的话，新加坡的客人、美国和德国的政府官员都说过，留学生们也想这样说。"中国第一村"给大家留下了难忘的印象。

二、生词

1. 成果	n.	chéngguǒ	result, achievement, gain, fruit	乙
2. 具体	adj.	jùtǐ	concrete, specific	乙
3. 组织	v./n.	zǔzhī	organize, organization	甲
4. 村	n.	cūn	village	
5. 活动	v./n.	huódòng	move about, exercise; activity, doing	甲
6. 村民	n.	cūnmín	villager, village people	
7. 西式	adj.	xīshì	Western-style	
8. 分	v.	fēn	divide, separate, part; assign, distribute, allocate	甲
9. 大约	adv.	dàyuē	about, around, probably, approximately	乙
10. 残疾	n.	cánjí	deformity, disability	丁
11. 楼房	n.	lóufáng	storied building	丙
12. 退休	v.o.	tuì xiū	retire, retirement	丙
13. 家用	n./adj.	jiāyòng	for household use, home-use	
14. 普通	adj.	pǔtōng	common, average, ordinary	乙
15. 收入	n./v.	shōurù	income, earnings	乙
16. 好奇	adj.	hàoqí	curious, inquisitive	丙
17. 最初	n.	zuìchū	at the beginning, at first	甲
18. 穷	adj.	qióng	poor, impoverished	乙
19. 存款	v.o./n.	cúnkuǎn	deposited money; deposit, saving deposits	乙

第四十五课 复习（九）

20. 欠	v.	qiàn	owe, be in debt	乙
21. 债	n.	zhài	debt	丙
22. 农业	n.	nóngyè	agriculture, farming	甲
23. 搞	v.	gǎo	do, carry on, be engaged in	甲
24. 制造	v.	zhìzào	make, build, manufacture, produce, create	乙
25. 产品	n.	chǎnpǐn	product, merchandise	乙
26. 出口	v.o./n.	chūkǒu	export	乙
27. 富	adj.	fù	rich, wealthy; plenty	乙
28. 户	b.f./m.(n.)/n.	hù	*a measure word for family*	乙
29. 官员	n.	guānyuán	government official	丁
30. 难忘	adj.	nánwàng	unforgettable, memorable	

▶ 专名　Proper Nouns

1. 江阴	Jiāngyīn	a city of Jiangsu province
2. 华西村	Huáxīcūn	a famous rich village in the countryside of Jiangyin city
3. 沈	Shěn	a surname
4. 新加坡	Xīnjiāpō	Singapore

本课新字

式　残　疾　入　穷　欠　债　搞　造　官

三、注　释

（一）华西村　Huaxicun Village

华西村位于江苏省江阴县，1996年被农业部评定为全国大型一档乡镇企业。全村共有80户，1520人，面积0.96平方公里。华西村是中国农村走共同富裕道路的典型。1961年华西村建村时，仅有2.5万元资产，人均分配50多元。在吴仁宝书记的带领下，全村人民艰苦奋斗，40多年来发生了巨大变化。2004年，华西村人均工资收入12.26万元。同年全国农民人均纯收入2936元、城镇居民人均可支配收入9422元。华西人的人均收入是全国农民的41.76倍、城镇居民的13.01倍。2005年，全村实现销售超300亿元，每户村民的存款最低100万元。

华西村距无锡30多公里、距苏州50多公里、距江苏省省会南京约180公里。每年到华西村考察和旅游的人数达100多万。

Huaxicun Village lies in Jiangyin county, Jiangsu province. It was evaluated as a large-scale first grade town enterprise by the Ministry of Agriculture in 1996. There are 80 families altogether in the village, consisting of 1520 people, with only 0.96 km². Huaxicun Village is a typical Chinese village of becoming rich together. When it was founded in 1961, it only had properties of 25,000 yuan, and the average annual income was only 50 yuan. Under the leadership of Wu Renbao, the party secretary of the village, all the villagers worked hard, so great changes took place during the past 40 years. In 2004, the annual average income is 122,600 yuan, while the pure annual income of farmers in other area is only 2,936 yuan. In the downtown, the annual average available income is 9,422 yuan. Apparently, the average income of people in Huaxicun Village is 41.67 times higher than rural farmers and 13.01 times highter than urban habitants. In 2005, the business volume is over 30 billion yuan and every family has over 1 million yuan of bank-deposited money.

Huaxicun Village is some 30 km away from Wuxi, 50 km from Suzhou and

180 km from Nanjing, the capital of Jiangsu province. Every year, more than 1 million people come here for investigating and travelling.

(二) 连工资，我一共拿了一百五十多万元。

Including my salary, I have got altogether over 1500, 000 yuan.

这个"连"是介词，意思是"包括在内"、"加上"。

The word 连 is a preposition, meaning "including, adding to".

四、练 习

(一) 朗读短语

组织参观	参加组织	家用电器	个人收入	收入很高
成果丰富	具体意见	具体谈谈	欠债	中国制造
搞音乐	搞点儿水来	农业国家	农业生产	深刻体会
体会到	中国政府	政府官员	普通家庭	全部存款
五十上下	生动而有趣	根本不会	一年来	好好表现
获得冠军	永远记住	想起来	打不过	某件事情

(二) 根据课文回答问题

1. 中国"第一村"是什么地方？
2. 丁荣他们是在哪儿坐车的？
3. 丁荣一般什么时候起床？
4. 路上丁荣在做什么？
5. 带留学生们参观的是谁？
6. 小孙家的房子是中国传统建筑吗？
7. 小孙家的房子是自己买的吗？
8. 老王现在有几套房子？

9. 为什么说华西村的村民现在生活富了？

10. 你参观过"华西村"吗？你愿不愿意当华西村的村民？

（三）选词填空

> 活动　工业　退休　成果　残疾　出口　组织　收入　搞　难忘

1. 每年四月末，学校会_____留学生们去北京、西安等地参观游览。

2. 参观"中国第一村"，对我来说，是一次非常_____的经历。

3. 关心、帮助_____人是我们每个人都应该做的。

4. _____以后，我想到全国各地到处去走走。

5. 他的努力取得了很大的_____，老师和同学们都觉得他进步很快。

6. 这两年，城市居民的_____增加得很快。

7. 这种_____不太适合让小孩子参加。

8. 武汉是一个有名的_____城市。

9. 他们这儿生产的圣诞礼物全都_____国外。

10. 你在_____什么？快点儿，大家都在等你呢！

（四）连词成句

1. 中国　没　个　过　我　一　也　看　电影

_____

2. 印象　下　这　的　精彩　的　给　场　我　留　了　深刻　比赛

_____

3. 学习　的　赶　我　好　要　一定　班　上　我们　同学

_____

4. 我　坏　丁荣　给　词典　的　电子　了　让　搞

_____

5. 你 给 情况 的 学生 这 把 大家 个 说说

_____

6. 每 小时 一 天 我 睡 我 比 晚 个 同屋

_____

7. 老师 叫 小王 把 小张 成 了

_____

8. 你 拿 着 把 这些 我 帮 东西

_____

9. 窗户 的 我 修 把 昨天 家里 了 修

_____

10. 他 星期 都 把 一 个 的 衣服 洗 了

_____

(五) 选用下列补语填空

> 要命　不行　死　坏　过

1. 他学了一年，我学了半年，我怎么比得_____他呢？
2. 我气_____了，才二十分钟，自行车就让小偷给偷走了。
3. 听说儿子获得了世界冠军，妈妈高兴得_____。
4. 半天没吃东西了，饿得_____。
5. 两天没睡觉了，把我困_____了。
6. 我可说不_____她，她多能说啊！
7. 我的嗓子疼得_____，可能要感冒了。
8. 屋子里人太多，吵_____了。
9. 这件事把他急_____了。
10. 儿子不来信，妈妈想_____了。

（六）用趋向补语填空

　　　起来　　出来　　下　　上

1. 你看_____没有？丁荣这两天心情不太好。
2. 学好外语说_____容易做_____难。
3. 明年春节我们就可以住_____新房子了。
4. 请留_____你的电话和地址。
5. 你们赶快把资料整理_____。
6. 这个箱子装得_____十斤苹果吗？
7. 这种事情，我可做不_____。
8. 老师现在说汉语说得快_____了。
9. 宾馆的电话号码我想不_____了。
10. 希望明年可以买_____一辆车。

（七）用所给词语说"把"字句

1. 衣服　你　洗　一
2. 他　完　作业　做
3. 词典　桌子　放
4. 书　还　没　图书馆
5. 照相机　丢　他　了
6. 抱　着　孩子
7. 弟弟　蛋糕　了　吃
8. 应该　上　衣服　泡

（八）用所给词语完成句子

1. 要是银行卡丢了，应该赶快去银行挂失，_____。（保证）

2. _____，咱们还是骑自行车去吧。（死）

3. _____，你要是想买就买吧。（起来）
4. _____，我看看有没有办法帮助你。（把）
5. _____，可是身体还很好。（上下）
6. 我到那儿的时候已经一个人也没有了，原来_____。（把……成……）
7. _____，怎么能参加这个比赛呢？（根本）
8. _____，所以妈妈很高兴。（把……了）
9. 虽然开始的时候，他学习有点儿困难，_____。（上）
10. 我希望_____。（永远）

（九）综合填空

1

很多人都会_____假期和家人、朋友出去旅行。现在，人们旅游的时候常常_____选择自助游。自助游_____有一些需要注意的地方。_____如，可能的话先把宾馆给预订好。因为，放假期间，出门旅游的人很多，很可能会出现客满的情况；_____外，在网上预订宾馆，房价一般可以_____五到七折。如果没有预订，住进宾馆之前，最好先把价格谈好，然后_____办理住店手续。

2

有句话说得很好："那些经常出现_____《时代》(shídài 《Times》)杂志 (zázhì magazine) 上的人，一定会_____写进历史课本。"_____我看_____杂志上那些中国人的名字时，我想_____了20世纪(shìjì century) 变化很快_____中国历史。几年_____，我一_____在找那些写有中国人、中国事件的《时代》杂志。读_____它们，就是在读历史。

（十）选择正确答案

下面每个句子中都有一个画线的词语，ABCD 四个答案是对这一画线词语的不同解释或跟它意思相近的词，请选择最接近该词语的一个答案。

1. 我们的老师三十岁<u>上下</u>，头发短短的，很漂亮。　　　　（　）
   A. 多　　　　B. 左右　　　C. 来　　　　D. 几

2. 参加这次晚会的<u>不仅</u>有电影明星，也有体育明星。　　　（　）
   A. 仅仅　　　B. 只　　　　C. 不但　　　D. 不管

3. 在以后<u>近</u>十年的时间里，他一直在中国学习专业。　　　（　）
   A. 很近的　　B. 最近　　　C. 差不多　　D. 不远

4. 那天学生来，我给他们做了<u>好几个菜</u>。　　　　　　　　（　）
   A. 做的菜很好　　　　　B. 做好了几个菜
   C. 很多菜　　　　　　　D. 几个好菜

5. 这个菜好吃，可是<u>不好做</u>呀！　　　　　　　　　　　　（　）
   A. 做得不好　B. 不会做　　C. 不容易做　D. 做的方法很好

6. 我觉得这个菜应该<u>好吃</u>。　　　　　　　　　　　　　　（　）
   A. 容易吃　　B. 慢慢吃　　C. 多吃　　　D. 味道好

（十一）阅读理解

一些很快就要毕业的机械（jīxiè machinery）系大四学生参加最后一场考试。给他们考试的教授告诉他们，可以带上考试需要的书、资料和笔记，但是不可以说话。学生们都高兴坏了。

考卷发下来了，学生们很兴奋，只有五个大问题。

三个小时过去了，教授开始收考卷了。学生们好像不像开始的时候那么相信自己了，他们看起来很难过，没有人说话。教授拿着考卷认真地看着学生们担心的脸，问他们："有几个人回答完了五个问题？"

没有人说话。

"有几个完成了四个？"还是没有人回答。

"三个？两个？"教授问。可是，一个说话的人也没有。

"总应该有人回答出一个问题吧？"教室里还是非常安静。

第四十五课 复习(九)

教授放下手里的考卷说:"这正是我原来想的。我只是要让你们留下深刻的印象,虽然你们已经读完了大学,可是还是有许多机械的问题你们不知道。这些你们回答不出来的问题,在工作中常常会遇到。"教授笑着继续说:"今天你们都会通过考试的,但是永远不要忘了,虽然你们是大学毕业生,但你们的教育才刚刚开始。"

根据文章回答问题:

1. 这些学生学习什么专业?
2. 他们几年级了?
3. 考试的时候,学生们可以互相讨论吗?
4. 一开始,学生们觉得考试难吗?
5. 考试的问题所有的学生都不会,对吗?
6. 你觉得这个教授怎么样?

文化小贴士 Proverbs

人无远虑,必有近忧。

Rén wú yuǎn lǜ, bì yǒu jìn yōu.

If a man does not give thought to problems which are still distant, he will be worried by them when they come nearer.

本课听说生词

抱歉	推迟	抱怨	游览	顺序	晚餐	做梦
羽绒服	奖	大小	学费	迅速	估计	数量
管	解决	隔壁	使劲	不像话	哇	地区
差别	落后	少数	民族	税		祝愿

第四十六课　丰富的业余生活

语法项目：

1. 趋向补语的引申用法：……下来

    记下来

2. "一" + 量词 + "又" + "一" + 量词：

    一遍又一遍　　一轮又一轮

3. "把"字句(6)：主 + "把" + 宾 + 动词 + 情态补语

    同学们先把教室布置得漂漂亮亮的。

    把老师和同学惹得哈哈大笑。

4. 疑问代词的特指：

    谁能把绳子上的红丝带拉到自己这边，就算谁赢。

5. 在……下：在老师和同学们的鼓励下

重点词语：

1. 算：我的发音不算好。

2. 一切：其他的一切都交给我吧。

3. 不管：

    不管怎么努力，绳子都不向我们这边移动。

4. 突然：

    突然，对方一用力就把绳子拉向了他们那边。

功能项目：

参加学校活动

一、课　文

（一）新年晚会

快到新年了，我们班准备举行一个新年晚会。昨天，安达来我的房间，想请我跟他一起用汉语表演一个相声。我挺想参加的，但我的发音不算好，而且我们的汉语水平还不高，去哪儿找适合我们表演的相声呢？我把想法告诉了安达，他拍着我的肩说："你不必担心，只要你答应跟我一起表演，其他的一切都交给我吧。"

三天后，安达自己编出了一个相声，说的是留学生刚学汉语的时候闹的一些笑话。我先记住了台词，把台词记下来以后，就让安达一句一句地纠正我的发音，我自己也一遍又一遍地刻苦练习。这样一来，我们配合得越来越好，表演得越来越熟练了。

终于到了新年。那天下午，同学们先把教室布置得漂漂亮亮的，然后把鲜花、水果和饮料摆在桌子中间。张老师来到教室以后，都不敢相信这是我们的教室了。

表演的时候，开始我有点儿紧张，慢慢地就不紧张了。我们的相声把老师和同学们都逗得哈哈大笑。他们都说我们表演得好极了，发音也很地道。听了老师和同学们的称赞，我和安达都高兴得不得了。

以前我总是觉得自己的发音不太好，不敢多说汉语，但是这次表演让我明白了,只要你多说多练,就一定能学好汉语。

(二)拔河比赛

为了丰富我们的业余生活,学院组织了一次拔河比赛。以前我从来没有参加过拔河比赛,所以就非常积极地报了名。星期五下午两点,我和同学们说说笑笑地来到了操场,看到操场上放着一条又长又粗的绳子,绳子中间系着一根红丝带。比赛规则是:谁能把绳子上的红丝带拉到自己这边,谁就算赢。

我们班先和五班比,五班的教室就在我们教室的旁边。他们班参加比赛的几个同学我们都认识,平时的关系也很好,但比赛的时候我们就是对手了,谁也不会让着谁。

比赛开始了,我们双手紧紧地握着绳子,用力拉。开始的时候,五班的同学力气非常大,不管怎么努力,绳子都不向我们这边移动。突然,对方一用力就把绳子拉向了他们那边。我们班的老师和同学急得大喊:"加油啊!加油……"在老师和同学们的鼓励下,我们又用尽全身的力气向后拉，终于把绳子慢慢地拉了过来，取得了第一轮比赛的胜利。经过一轮又一轮的比赛，最后，我们班获得了第一名，大家都激动得跳了起来。

二、生词

1.	相声	n.	xiàngsheng	dialogue, cross-talk	丙
2.	算	v.	suàn	calculate consider, regard as	甲
3.	想法	n.	xiǎngfa	idea, opinion	乙
4.	肩	n.	jiān	shoulder	乙
5.	不必	adv.	búbì	need not, does not have to	乙
6.	一切	pr.	yíqiè	all, every; everything, all	甲
7.	编	v.	biān	weave, edit, write (a play)	乙
8.	台词	n.	táicí	actor's lines	
9.	刻苦	adj.	kèkǔ	assiduous, hardworking	乙
10.	配合	v.	pèihé	coordinate, cooperate, match	乙
11.	鲜花	n.	xiānhuā	fresh flowers, flowers	乙
12.	逗	v./adj.	dòu	tease, play with, attract; funny	乙
13.	地道	adj.	dìdao	pure, typical, real; genuine	丙
14.	称赞	v./n.	chēngzàn	praise, acclaim, commend	乙
15.	总是	adv.	zǒngshì	always, invariably; anyway	甲
16.	拔	v.	bá	pull out, pull up; choose, select	乙
	拔河	v.o.	bá hé	tug-of-war	

17. 粗	adj.	cū	wide, thick	乙
18. 绳子	n.	shéngzi	cord, rope, string	乙
19. 丝	n.	sī	silk; threadlike thing, thread	乙
20. 规则	n.	guīzé	law, rule, regulation	丙
21. 握	v.	wò	hold, grasp, shake (hands)	乙
22. 用力	v.o.	yòng lì	put forth one's strength	乙
23. 力气	n.	lìqi	physical strength, effort	乙
24. 不管	conj.	bùguǎn	no matter (what, how), regardless of	乙
25. 移动	v.	yídòng	move, shift, mobile,	乙
26. 突然	adj.	tūrán	suddenly, unexpectedly	甲
27. 对方	n.	duìfāng	counter part, other person involved	乙
28. 加油	v.o.	jiā yóu	make more efforts, step on it	丙
29. 尽	v.	jìn	use up, to the greatest extent	乙
30. 轮	m. (n.)	lún	the measure word for match	

本课新字

肩 编 逗 称 赞 总 拔 粗 绳 则
握 移 突 轮

三、注 释

（一）这样一来　so, therefore

"这样一来"是代词短语，经常连接两个句子或段落，说明由于前边的情况而产生了后面的结果。也说"这么一来"、"这一来"。如：

It is a pronoun phrase which usually connects two sentences or paragraphes, imply that something happens before causes the result later. It can also be changed into 这么一来 or 这一来. For example:

（1）他已经有三分之一的课没有上了，这样一来，她就不能参加考试了。

（2）她累病了，这样一来，孩子没人照顾了。

（二）拔河　tug-of-war

一种体育运动，人数相等的两队队员，分别握住长绳的两端，向相反的方向用力拉绳，把绳子上系着标志的一点拉过规定界线为胜。

It is a kind of sport. Two groups with same amount of members grasp the either end of a strong rope, and then they pull as hard as they can. When the mark hanging from the middle of the rope moves out of the designed line, the strong group wins.

四、语 法

（一）趋向补语的引申用法：……下来

The extensive usage of tendency complement：……下来

趋向补语"下来"有几种引申用法，用在某些动词后，如："写、画、抄、背、照、复印、录"等，表示通过动作使事物固定或停留在某处。如：

There are some extensive usage of the tendency complement "下来". When it is used after some verbs, such as 写、画、抄、背、照、复印 and 录, etc., it implies that something is fixed or stayed somewhere after the action. For example:

（1）我要把这美丽的风景照下来。

（2）我把她的电话号码记下来了。

（3）请你把她的话录下来。

"下来"还可以表示动作从过去继续到现在。如：

The phrase 下来 can also express that an action has lasted from the past up to now. For example:

（1）虽然遇到了很多困难，但我还是坚持下来了。

（2）这是古代流传下来的一个故事。

"形容词+下来"表示某种状态开始出现并继续发展，强调开始出现。形容词限于表示消极意义的。如：

The structure 形容词+下来 expresses that a certain state starts to appear and will continue to develop. It focuses on "start to appear". And only the adjectives of negative meaning can be used in this structure. For example:

（1）天渐渐黑下来了。

（2）他的声音开始低下来了。

(二) "一" + 量词 + "又" + "一" + 量词

Structure: 一 + measure word + 又 + 一 + measure word

这里的量词可以是名量词，也可以是动量词，用名量词时表示数量多，用动量词时表示反复多次。如：

In this structure, the measure word can be a nominal measure word as well as a verbal measure word. A nominal measure word shows a large amount, while a verbal one means again and again. For example:

（1）一天又一天过去了，他还是没有回来。

（2）短短的几年，这里建起了一座又一座的高楼。

（3）经历一次又一次的失败，这个试验终于成功了。

（三）"把"字句（6）：主 + "把" + 宾 + 动词 + 情态补语

把 -sentence (6)：S + 把 + O + V + Modal Complement

把字句中动词后面的其他成分也可以由情态补语来充当。如：

Modal complement can also be the component following a verb in a 把-sentence. For example:

（1）彩灯和气球把街道装饰得五彩缤纷。

（2）他把老师气得一句话也说不出来。

（3）弟弟把家里收拾得干干净净的。

（四）疑问代词的特指 Special indicating of interrogative pronouns

用两个同样的疑问代词，前后呼应，指同一个人、同一事物、同一种方式等。前一个疑问代词表示任指，后一个疑问代词特指前一个所指的事物，前后两个分句或短语之间有时用"就"连接。如：

Two same interrogative pronouns echo each other in a sentence, referring to a same person, same thing or same method. The former one means arbitral indication while the later one means a special indication to something or somebody of the former arbitral indication. Sometimes the two clauses or the two phrases are connected by the word 就. For example:

（1）谁想去谁就去。

（2）什么好吃就吃什么。

（3）想去哪里玩儿就去哪里玩儿。

（4）你怎么说我就怎么做。

有时候，前后两个疑问代词也可以指不同的人或事物。如：

Sometimes, the two interrogative pronouns indicate somebody or something different. For example:

（1）他们两个人生气了，谁也不跟谁说话。

（2）这么多件衣服，哪件跟哪件都不一样。

（五）在……下

"在……下"这一格式，中间可以嵌入带定语的名词或双音节动词，表示条件，用在谓语动词或主语前，作状语。如：

A noun with an attributive or a double-syllable verb can be inserted in-between the structure 在……下. It implies the condition and is used before a predicate or a subject as an adverbial. For example:

（1）我在这种情况下只好同意了她的要求。

（2）他在朋友的关心和帮助下很快习惯了这里的生活。

（3）在妈妈的照顾下，我慢慢恢复了健康。

（4）在她的要求下，学校同意她休学一年。

五、重点词语

（一）算 regard

[动] 算做，当做，可以被认为。后面可用"是"，接名词、动词、形容词或小句。如：

[v.] It means to regard, be acted as, be considered. They can be followed by 是 to connect nouns, verbs, adjectives or short sentences. For example:

（1）从今天开始，咱们就算一家人了。

（2）今天算我请客，你们都别跟我客气。

（3）你想找安达呀，你问我算是问对了，我跟他就住一个房间。

（4）他在我们班算是努力的了，成绩也不错。

（二）一切 all

"一切"是一个指示代词。可以表示"全部"、"各种"，经常和"都"呼应。修饰名词通常不带"的"。如：

The word 一切 is an indicting pronoun. It expresses the meaning 全部 (the whole) and 各种 (various kinds of). For example:

(1) 我们会克服一切困难。

(2) 一切手续都办好了。

"一切"也可以表示一切事物,能受其他词语的修饰。如:

(1) 过去发生的一切,我都不会忘记。

(2) 房间里的一切,都能勾起他对童年的回忆。

比较: "所有"和"一切"　　Comparison between 所有 and 一切

1. "所有"是形容词,也可以做名词和动词。"一切"是代词。"一切"可以单独作主语、宾语;"所有"不能。如:

The word 所有 (whole, own) is an adjective, and it can also be a noun or a verb. The word 一切 (all) is a pronoun. It can be used as a subject and object. But the word 所有 cannot. For example:

(1) 一切都过去了。(单独作主语)

(2) 看到这么美的风景,他忘记了一切。(单独作宾语)

(3) 所有问题都解决了。(只能作定语)

2. 二者都可以修饰名词,"一切"只能修饰可以分类的事物,"所有"没有这个限制。"所有"修饰名词时可以带"的",也可以不带;"一切"通常只能直接修饰名词,不能带"的"。如:

Both of the two words can modify nouns. The word 一切 can only modify those which can be classified, but there is no such a restriction to 所有. Whether the word 的 is used or not, 所有 can modify a noun. The word 一切 can only modify a noun directly, and it cannot be followed by the word 的. For example:

(1) 一切生物都有生有死。

　*一切水都被喝光了。

(2) 所有(的)生物都有生有死。

　所有(的)水都被喝光了。

3. "所有"着重指一定范围内某种事物的全部数量,"一切"指某种事物所包含的全部类别。如:

The word 所有 focuses on the whole amount of a certain scope, while 一切

indicates the whole sorts of something. For example:

（1）所有的困难都解决了。（指一定的数量）

（2）一切困难都是可以解决的。（指各种各样的困难）

（三）不管　no matter

"不管"是连词，用于有疑问代词或并列短语的语句，表示在任何条件下结果或结论都不会改变，后面有"都"、"也"、"就是"、"总是"等呼应。如：

The word 不管 is an conjunction used in the sentences with interrogative pronouns or parataxis phrases. It means that under any condition, the result or the conclusion will not change. Some words such as 都, 也, 就是 and 总是 and so on are used to echo 不管. For example:

（1）他不管怎么忙，每天都要坚持锻炼身体。

（2）不管是谁都要遵守学校的规定。

（3）不管刮风下雨，他都按时来上课。

（4）不管天气热不热，他总是穿这么多。

注意："不管"后面一定要有两种或两种以上的条件，不能是单一的条件。如：

Note: Instead of only one condition, two or more conditions must follow 不管. For example:

不管你去不去，我都要去。

*不管你去，我都要去。

（四）突然　sudden

1. 形容词"突然"表示情况发生得很急而且出人意料。可以被"很"、"太"、"十分"、"非常"、"特别"修饰。可以作定语修饰名词。如：

The adjective 突然 means that something happens in a hurry and unexpectedly. It can be modified by 很, 太, 十分, 非常 and 特别. It can be an attributive to modify a noun. For example:

突然事件　　突然情况　　突然的事故　　突然的变化。

2. 可以作谓语，前面常有"很"、"不"等，或后面用"极了"、"得很"。如：

It can be a predict, often following 很 and 不 and so on, or followed by 极了 and 得很. For example:

（1）事情很突然。

（2）这场雨突然极了。

（3）事情变化得很突然。

3. 可以作补语，前面常常有其他成分。如：

It can be a complement, often following other components. For example:

（1）情况来得很突然。

（2）他问得有点儿突然。

（3）病得太突然了。

4. 可以作状语，所修饰的动词、形容词的前后要有其他成分，有时后面可加"地"。如：

It can be an adverbial. The verbs and adjectives modified must follow or be followed by other other components. Sometimes 地 can be added after the adverbial. For example:

（1）他说着说着突然哭了。

（2）汽车突然转弯了。

（3）她突然地唱了一句。

5. 有时还可以作少数动词的宾语。如：

Sometimes it can also be the objects of some verbs. For example:

感到很突然　　不算突然

6. 可以用在主语前，后面常有停顿。如：

It can also be used before the subject, often with pause after it. For example:

（1）突然，人们都站起来了。

（2）我已经睡着了，突然，电话响了。

注意："不+动词"、"没有+名词"之前可以用"突然"，"没有+动词"前不能用。如：

Note: The word 突然 can be used before the structures "不 + 动词" and "没有 + 名词", but not before the structure of "没有 + 动词". For example:

(1) 收音机突然不响了。

(2) 收音机突然没有一点儿声音了。

＊收音机突然没有响了。

六、练 习

（一）朗读短语

不必担心　不必客气　不必紧张　编相声　编故事　编歌词
用力拉　　用力喊　　用力推　　比赛规则　交通规则　管理规则
互相配合　跟老师配合　配合得很好　画下来　照下来　记下来
用尽力气　想尽办法　说尽好话　突然情况　突然变化　突然摔倒了
想跟谁去就跟谁去　什么好吃就吃什么　想去哪儿玩儿就去哪儿玩儿
怎么去快就怎么去　哪件漂亮就买哪件　他怎么说你就怎么做
一年又一年　一天又一天　一件又一件　一次又一次　一场又一场

（二）替换练习

1. 把 台词 记 下来。

他的名字	写
老师说的话	录
这本书	抄
这篇课文	背

2. 同学们 把 教室 布置 得 漂漂亮亮的。

妈妈	家里	收拾	干干净净的
这件事	他	感动	不知说什么好
弟弟	笔	摔	不能用了
这个消息	爸爸	气	大发脾气

3. 不管怎么努力，绳子都不向我们这边移动。

困难多大	我们	要克服
语法还是听力	丁荣	学得很好
好不好	我	不买
你怎么说	他	不同意

4. 在老师和同学的鼓励下，我们取得了比赛的第一名。

大家的努力	我们完成了这个工作
朋友的关心	他的身体慢慢好了起来
这种情况	我们只能这样做
我的要求	她同意参加这次活动

(三) 根据课文回答问题

1. 开始的时候，安达请"我"跟他一起表演，"我"是什么想法？
2. 表演节目的时候"我"紧张吗？
3. "我"和安达的相声表演得怎么样？
4. 这次表演后"我"明白了什么？
5. 学校为什么组织了拔河比赛？
6. "我"为什么要参加拔河比赛？
7. 拔河比赛的规则是什么？
8. 最后哪个班取得了拔河比赛的第一名？

(四) 选词填空

逗　地道　用力　不必　敢　加油　算　对方　不管　配合

1. 谁都不_____保证她今晚能来。

2. 你要是能回答出这个问题，就_____你聪明。

3. 他的英语说得真_____，听起来跟英国人一样。

4. 听了这句话，他十分生气，_____一拍桌子就出去了。

5. _____你怎么说，我也不会改变主意。

6. 只要我们俩好好儿_____，这个工作一定会完成得很好。

7. 夫妻俩生活在一起，要多替_____想一想。

8. 成千上万的球迷来到球场给自己喜欢的球队_____。

9. _____去那么早，会议九点钟才开始呢。

10. 他这个人说话挺_____的，跟他在一起很开心。

（五）改错句

1. 这篇课文太长了，我记不起来。

2. 姐姐逗妹妹哭起来了。

3. 不管很远，他都要去。

4. 在她帮忙我下，我终于完成了这个工作。

5. 房间里的灯突然没亮了。

6. 我真想把这儿的风景拍出来，可惜忘了带照相机了。

（六）用所给词语完成句子

1. 雨越下越大，_____。（这样一来）

2. _____，都要先把情况了解清楚。（不管）

3. 已经十二月份了，_____。（下来）

4. _____，我的汉语水平提高得很快。（在……下）

5. 他学习非常努力，_____。（算）

6. _____，他终于实现了自己的理想。
　　　　　　　　　　　　（"一"+量词+"又"+"一"+量词）

7. _____，我不管了。（怎么……怎么……）

8. _____，我听你的。（什么……什么……）

（七）选择正确的说法

1. A. 安达想让我跟他一起去图书馆看书。
   B. 安达让我想跟他去图书馆一起看书。
   C. 安达他想一起让我跟去图书馆看书。（ ）

2. A. 我们慢慢终于把绳子拉过来了。
   B. 我们终于把绳子慢慢拉过来了。
   C. 我们慢慢把绳子终于拉过来了。（ ）

3. A. 请你等我在学校大门口旁边的邮局七点。
   B. 请你七点等我在邮局旁边的学校大门口。
   C. 请你七点在学校大门口旁边的邮局等我。（ ）

4. A. 他的衣柜里厚厚的有好几件羽绒服。
   B. 他的衣柜里有好几件厚厚的羽绒服。
   C. 他的衣柜里有几件好厚厚的羽绒服。（ ）

5. A. 妈妈决定不把这个坏消息告诉在国外的姐姐。
   B. 妈妈把这个坏消息不决定告诉在国外的姐姐。
   C. 妈妈不决定把这个在国外的坏消息告诉姐姐。（ ）

6. A. 自行车刚刚修好的他又被弄坏了。
   B. 他又被弄坏了刚刚修好的自行车。
   C. 刚刚修好的自行车又被他弄坏了。（ ）

（八）综合填空

亲爱的女儿：你好！

去北京看你回来，已经有一个月了。家里一_____都好，不必担心。

你弟弟学习还_____努力，成绩有进步，特别是英语，希望你多来信鼓_____他。你的身_____证已经办好了，现在寄给你，要_____

管好，不能再弄丢了。你妈妈的身体比以前好了很多，她经常说你又有多少天没有来信了，希望你多来几_____信。天下的父母，都是爱孩子的，你要理_____母亲的心。

你叔叔他们一家都好吧？请_____我向他们问好。你叔叔给你买衣服，那是他对你的关心，在他身边就跟在父母身边一样，要听_____。

好了，不多写了。只希望你少想家，心_____愉快，生活快乐！

你的父亲：张天文

2007-8-23

2

自行车从西方进入中国，不到一百年的_____史，但是中国现在的自行车数_____却_____过了世界上所有的国家。

除重庆、青岛等少数城市_____，中国城市里每一个家_____几乎都有自行车。现在，自行车差不多已经成为城市的一大景色，尤_____是大城市。自行车几乎成了人们工作、旅游的好朋友，人们离不开它，就_____离不开自己的两条腿一样。

自行车虽然给人们带来了方_____，但有时也带来一些_____烦。因为马路不太宽，自行车又非常多，有的人技术不太_____练，有时会发生撞车的事儿。

（九）选择正确的位置

1. 他们 A 没把这件事 B 处理好，所以 C 现在 D 出问题了。　　（一直）
2. A 下雪天你 B 就穿 C 两件衣服，你是为了美呢还是 D 真的不怕冷？
　　　　　　　　　　　　　　　　　　　　　　　　　　　　（这么）
3. 他这个 A 人啊，肯定是在 B 路上遇到了 C 人，又聊起 D 来了。
　　　　　　　　　　　　　　　　　　　　　　　　　　　　（什么）
4. A 看到他 B 拿到成绩单后失望的样子，我 C 真不知道怎么安慰他 D 好。　　　　　　　　　　　　　　　　　　　　　　　　　（才）
5. A 每次进教室之前，B 她 C 习惯地 D 咳嗽两声。　　　　（总是）

6. 你上次在新华 A 书店买 B 那几本语法 C 书对你 D 提高汉语有用吗？

(的)

7. 因为 A 突然 B 下起了大雨，C 学校 D 取消了这场足球比赛。

(不得不)

8. 一直到 2006 年 A，她才实现 B 来 C 中国留学的愿望 D。　　(了)

（十）阅读理解

来中国以后，给我印象最深的就是大街上来来往往的自行车。第一次看到那么多的自行车确实让我大吃一惊，因为在我们国家是很少有人把自行车作为交通工具的。

我打算在北京学一年汉语，所以来北京不久我就买了一辆自行车。刚买的时候我不会骑，因为在法国我几乎没骑过自行车。经过多次练习，我才学会骑车。我高兴极了，从那以后，这辆自行车成了我最好的朋友，不仅买东西的时候爱骑车去，而且到别的地方去玩儿也常常骑车去。

这样，我慢慢体会到了骑自行车的好处。第一，每天骑自行车对身体很有好处。我不用担心没有时间运动了，因为一边赶路，一边已经进行了锻炼身体的运动。第二，可以自己决定出门的时间，并且，无论是大街还是小巷(xiàng lane)，汽车能去或不能去的地方，自行车都能去。第三，我不必害怕堵车了。上班下班的时候，北京的车特别多，如果遇上堵车会让人急死，可是只要骑上自行车就不用怕了。除了这三点以外，实际上，骑自行车的好处还有很多呢！

我非常喜欢我的自行车，我高兴的时候它看起来也很高兴，我难过的时候它好像在我的身边鼓励我。刚来北京的时候，我很担心一个人会孤独，不过，有了它我并不孤独，在这么大的北京我不是一个人。

今天，让我想一想，跟我的好朋友——自行车一起去哪儿？

1. 根据文章判断正误：

（1）"我"是一个美国人。　　　　　　　　　　　　　　（　）

（2）来中国以前，"我"没见过像中国这么多的自行车。（　）

(3)中国人把自行车作为交通工具。　　　　（　）

(4)"我"以前就会骑自行车。　　　　　　　（　）

(5)有一个北京人是我最好的朋友。　　　　（　）

(6)我非常喜欢我的自行车。　　　　　　　（　）

2. 回答问题：

(1)"我"为什么买了一辆自行车？

(2)"我"认为骑自行车有什么好处？

文化小贴士 Proverbs

凡事预则立，不预则废。

Fán shì yù zé lì, bú yù zé fèi.

Preparedness ensures success and unpreparedness spells failure.

本课听说生词

真正	繁荣	京剧	老实	列车	显著	惹
有的是	动身	脑子	接待	握手	问候	倒
同样	面前	告别	主人	遥远	老太太	好容易
放松	休闲	方式	老年	重视		

第四十七课　你把春联给贴反了

语法项目：

1. "把"字句（7）：主+"把"+宾语+"给"+动+其他

    你把春联给贴反了。

    王明却把这盘红烧鱼给端到了旁边。

2. 不是……而是……：

    这个饺子不是像阿姨包的那样站着，而是软软地趴在桌上。

3. 可能补语（3）：V+得住/不住

    忍不住

重点词语：

1. 为：为节日增加气氛

2. 才：下联才贴在左边儿呢

3. 怪不得：怪不得中国人那么喜欢吃饺子呢。

4. 由于：

    我由于是第一次包饺子，包了半天，才包好了一个。

5. 又：我又不是客人

功能项目：

节日活动

一、课文

(一) 我学会了包饺子

今年寒假我没回国。王明邀请我去他家过春节。除夕那天下午，我来到了王明家。到他家时，王明的爸爸正在写春联呢。王叔叔告诉我，春节的时候，家家户户都要在门上贴一副大红的春联，为节日增加气氛。王叔叔写完，我就把春联贴到了门上。王明一看我贴的春联就乐了："老先生，您把春联给贴反了。上联应该贴在右边儿，下联才贴在左边儿呢。"真没想到，贴春联还有这么多学问。

贴完春联，我们就开始动手包饺子。我问王叔叔为什么春节的时候要吃饺子。王叔叔说："春节为什么一定要吃饺子呢？这和饺子的名字有关。饺子跟'交子'的发音相似，'交'的意思是相交，'子'在古代是一个时间词，表示晚上十一点到凌晨一点这段时间，旧年和新年在子时相交。这个时候全家人坐在一起吃饺子，表达了对新的一年美好的祝福。"原来是这样，怪不得中国人那么喜欢吃饺子呢。阿姨包饺子包得快极了。

我由于是第一次包饺子，包了半天，才包好了一个，但是这个饺子的形状难看死了，不是像阿姨包的饺子那样站着，而是软软地趴在桌子上。叔叔阿姨看着我包的饺子都忍不住笑了起来。

(二) 放鞭炮真有意思

　　王阿姨真能干，一会儿的工夫一桌年夜饭就做好了，还有我最喜欢的红烧鱼呢。我赶快伸出筷子准备夹一块鱼，王明却把这盘红烧鱼给端到了旁边，他说："鱼要留到明天吃，这叫'连年有鱼（余）'。"吃饭时，叔叔和阿姨不停地给我夹菜，我觉得很不好意思，只好说："叔叔，阿姨，我又不是客人，不用跟我客气，想吃什么我自己夹吧。"阿姨做的菜真的很好吃，我已经吃得很饱了，但还是舍不得放下筷子。

　　吃完饭休息了一会儿，我们就去外边放鞭炮。放鞭炮对我来说也是一件新鲜事。如果不是自己经历过的话，真想不到放鞭炮那么有意思。很快，时针指向了12点，新的一年到了。我给叔叔阿姨拜年，王叔叔给了我一个红包，里面包着两百块钱。我很吃惊，连忙推辞，王明在旁边向我解释："你拿着吧，这叫压岁钱，春节的时候给长辈们拜年都会得到压岁钱，我也有。"在我们国家，18岁以后，父母就不再给孩子钱了，中国跟我们国家真是不一样啊。

　　我们看春节晚会、聊天、吃东西，一直到天亮。就这样，我在中国过了一个快乐、难忘的除夕。

二、生 词

1. 除夕	n.	chúxī	New Year's Eve	
2. 春联	n.	chūnlián	Spring Festivel couplets (pasted on gatepost or door panels)	
3. 叔叔	n.	shūshu	uncle; father's younger brother	乙
4. 为	prep.	wèi	for the purpose of, because	甲
5. 气氛	n.	qìfēn	ambience, air, mood	丙
6. 乐	v.	lè	happy, joyful, laugh	丙
7. 学问	n.	xuéwen	learning, knowledge	乙
8. 动手	v.o.	dòng shǒu	start work, get to work	乙
9. 有关	v.	yǒuguān	relate to, concerned, related	乙
10. 相似	adj.	xiāngsì	resemble, be similar, be alike	乙
11. 子(时)	n.	zǐ(shí)	11 o'clock in the evening till 1 o'clock before dawn	丙
12. 相交	v.	xiāngjiāo	intersect, cross; make	丁
13. 表达	v.	biǎodá	express, convey, voice	乙
14. 怪不得	v.(c.)	guàibude	no wonder, so that's why	丙
15. 由于	prep./conj.	yóuyú	owing to, as a result of, due to	乙
16. 形状	n.	xíngzhuàng	form, appearance, shape	乙
17. 难看	adj.	nánkàn	ugly, unsightly; embarrassing	乙
18. 软	adj.	ruǎn	soft, flexible, gentle	乙
19. 趴	v.	pā	prostrate, lie, facing down	丙
20. 忍不住	v.(c.)	rěnbuzhù	can't bear, unbearable	丙

第四十七课 你把春联给贴反了

21. 能干	adj.	nénggàn	able, capable, competent	乙
22. 工夫	n.	gōngfu	time; at that time	乙
23. 红烧	v.	hóngshāo	braise in soy sauce	
24. 余	v.	yú	surplus, spare; more than	丙
25. 不停	adv.	bùtíng	incessant, keep on	丙
26. 鞭炮	n.	biānpào	firecrackers	丁
27. 时针	n.	shízhēn	the hour hand of a clock or watch	
28. 指	v.	zhǐ	point to; refer to	甲
29. 拜年	v.o.	bài nián	pay a New Year's call, wish	丁
30. 推辞	v.	tuīcí	fuse, turn down	丙
31. 压岁钱	n.	yāsuìqián	money given to children as a lunar New Year gift	
32. 长辈	n.	zhǎngbèi	seniority, elder generation	

本课新字

夕 叔 氛 似 状 软 趴 忍 鞭 炮
拜 辞 辈

三、注 释

（一）春联 Spring-Festival Couplets

春节的时候贴在门上或墙上的对偶句子，一般包括上联、下联和横批。
They are the couplets pasted on gatepost or door panels or on the wall.

Usually it consists of the up (left) line, down (right) line and horizontal one.

(二) 年夜饭 Chinese Traditional New Year's Eve Dinner

除夕这一天晚上全家人在一起吃的团圆饭叫年夜饭。

On the last day of the Chinese traditional year, the whole family has a dinner together as a reunion. It is the Chinese Traditional New Year's Eve Dinner, which is also called "Year Reunion Dinner."

(三) 对……来说 As far as... is concerned

表示从某人、某事的角度来看待某一问题，在句中作状语，有时候也可以说"对……说来"。

This phrase means to consider something in the view of somebody or something. It is used as an adverbial. Sometimes the phrase 对……说来 is used instead. For example:

（1）对我来说，最幸福的事就是每天吃到妈妈做的菜。

（2）对于这些年轻人来说，没有什么问题是解决不了的。

四、语法

(一) "把"字句（7）：主+"把"+宾+"给"+动+其他
把-sentence: S + 把 + O + 给 + V + 其他

"把"字句有几种固定的格式。"把"字可以和"给"字用在一起，构成"把……给……"格式。在这个格式中，"给"是一个结构助词，没有什么意义，可以省略。如果加上"给"字，句子更加口语化。如：

There are several fixed forms of 把-sentence. To combine 把 and 给 forms 把……给……structure, in which 给 is a structure auxiliary, and it is meaningless and can be omitted. If 给 is added, it sounds more spoken. For example:

（1）他不小心把钱包给弄丢了。

（2）我终于把该办的事情给办完了。

（二）不是……而是…… not only... but also

用于选择复句，表示两种事物比较之后否定前者而肯定后者。如：

It is used in a selective compound sentence, meaning that after comparison, the former is negated while the later is affirmed. For example:

（1）我不是不想去，而是没时间去。

（2）现在我们应该做的不是讨论是谁的错，而是怎么样解决这个问题。

（3）昨天你看到的不是他，而是他哥哥。

（4）他们不是坐火车来的，而是坐飞机来的。

（三）可能补语（3）：V+得住/不住 Possibility complement (3): V+得住/不住

动词加上"得住/不住"表示能不能"停止、不让行进、牢固、稳固"等意思，如果去掉"得/不"就是一个结果补语。如：

When a verb plus 得住 or 不住 means whether or not to stop, to process, fast or steady. If 得 or 不 is deleted, it becomes a result complement. For example:

（1）小狗跑得不远，我抓得住它。（可能补语）

（2）警察把那个小偷抓住了。（结果补语）

（3）书架太重了，我快扶不住了，来帮帮我。（可能补语）

（4）你扶住把手，别摔倒了。（结果补语）

"得住/不住"跟某些动词组合，已经凝固成一个词了。如：

Combining with some verbs, the structure 得住 or 不住 has become fixed words. For example:

靠得住 / 靠不住

对得住 / 对不住

五、重点词语

（一）为

1. ［介］引进动作的受益者，给。如：

[prep.] It is a preposition to introduce the benefative of an action, meaning "give". For example:

（1）我很愿意为大家服务。

（2）我在这儿一切都好，不用为我担心。

2.［介］也可以表示原因、目的。如：

[prep.] It can also express or a purpose. For example:

（1）大家都为这件事高兴。

（2）为方便同学们借书，图书馆中午不休息。

（二）才

"才"表示强调，在强调某一事实的同时，含有"别的不是"的意思，句尾常常有"呢"。如：

The word 才 is used for emphasise. To emphasize one fact, it also implies that other facts are not so. The word 呢 is often used at the sentence end. For example:

站在他旁边的那个女孩子是他的女朋友吗？

——那个不是，站在他后边的那个才是呢。

比较： 又、才、并 **Comparison** among 又, 才 and 并

这三个词都可以用来表示强调，但"又"和"并"用于强调否定，"才"既可以用于强调肯定，也可以用于强调否定。

All of the three words can emphasize something, however, 又 and 并 emphasize negation, while 才 can emphasize affirmation as well as negation.

1. 强调否定时，"又"常用来说明原因。如：

In emphasizing negation, the word 又 can explain the cause. For example:

（1）我又不是客人，不用跟我客气。（因为我不是客人，所以不用跟我客气)

（2）他又没告诉我，我当然不知道了。（因为他没告诉我，所以我当然不知道)

2. "并"强调否定时表示真实情况与别人所想、所认为的不相符，有辩

解的意味。如：

In emphasizing negation, 并 focuses on that the real fact is not as what people imagine. It is somewhat pleading. For example:

（1）其实，这件事他并没有跟我商量。（别人以为他会跟我商量）

（2）我并不喜欢这样的生活。（别人以为我喜欢这样的生活）

3. "才"用于强调时表示辩驳，多用于对话中或有对比的句子中。如：

The word 才 means elenchus in emphasizing, and it is often used in dialogue or comparison sentences.

（1）你真笨，这么简单的题目都不会！

——你才笨呢！

（2）张老师不是我们的听力老师，刘老师才是我们的听力老师呢。

（三）怪不得　no wonder

表示明白了原因，对某种情况不觉得奇怪了，常常与"原来"连用。如：

It means that the reason is clear, and no one feels surprised to something. It is usually used together with 原来. For example:

（1）怪不得他汉语说得这么好呢，原来他妈妈是中国人。

（2）怪不得他不理你了，你说得也太难听了。

（3）原来外面下雪了，怪不得这么冷呢。

（四）由于　owing to，because of

1. ［介］表示原因。"由于"可以出现在"是"后面，也可以放在主语的前面或后面。如：

[prep.] It is used as a preposition, meaning reasons. The word 由于 may appear after 是, or put after a subject or before it. For example:

（1）这个任务能顺利完成，主要是由于大家互相配合，共同努力。

（2）工作计划由于各种原因而有了一些变动。

2. [连] 表示原因，因为。后一小句开头除了用"所以"外，还可以用"因此"或"因而"，用于书面。如：

[conj.] It is used as a conjunction, meaning reasons. Besides 所以 is used at the beginning of the later clause, the words 因此 or 因而 can also be used in written Chinese. For example:

（1）他由于成绩显著，因此受到了领导的表扬。

（2）由于老师指导正确，因此大家的游泳成绩提高得非常快。

比较："由于"、"因为"　Comparison between 由于 and 因为

1. 口语中常常用"因为"，很少用"由于"。

In spoken Chinese, the word 因为 is frequently used, while 由于 is seldom used.

2. 连词"由于"可以和"因此"、"因而"配合使用，"因为"不能。如：

The conjunction 由于 can be used together with 因此 or 因而, but not with 因为. For example:

由于他努力练习，因此游泳成绩提高得很快。

*因为他努力练习，因此游泳成绩提高得很快。

3. 连词"因为"可以用在后一小句中，"由于"不能。如：

The conjunction 因为 can be used in the later clause, but 由于 can not. For example:

他今天迟到了，因为闹钟坏了。

*他今天迟到了，由于闹钟坏了。

（五）又

"又"可以强调否定，常用来说明原因。如：

The word 又 emphasizes the negation, usually explaining the cause. For example:

（1）今天又不上课，你起这么早干什么？

（2）我又不是中国人，当然不了解中国的情况了。

六、练习

(一) 朗读短语

贴反了	拿反了	穿反了	节日气氛	课堂气氛
赛场气氛	动手打人	跟他有关	为你高兴	为中国队加油
跟汉语有关	跟历史有关	发音相似	年龄相似	内容相似
趴在床上	趴在桌上	趴在地上	不停地说	不停地下雨
不停地抱怨	不停地摇晃	给老师拜年	给朋友拜年	给长辈拜年

(二) 替换练习

1. 把 春联 给 贴反 了。

生词	写错
衣服	穿反
杯子	打碎
胳膊	摔伤

2. 这个饺子 不是 像阿姨包的饺子那样站着 ，而是 软软地趴在桌子上 。

这本书	买的	朋友送的
我新买的衣服	红色的	蓝色的
他	不想去	没时间去
这件事	你的错	我的错

3. 如果不是自己经历过的话，真想不到放鞭炮那么有意思。

> 你提醒我　　我早忘了
> 他帮我　　　我就完不成这个工作了
> 下雨　　　　我们就去踢球了
> 有课　　　　我肯定跟你们一起去

4. 对我来说，放鞭炮是件新鲜事。

> 妈妈　　　孩子健康是最大的幸福
> 欧美人　　写汉字太难了
> 她　　　　这件衣服太贵了
> 这个孩子　这次考试的成绩不算好

（三）根据课文回答问题

1. "我"是什么时候去王明家过春节的？
2. 春节的时候为什么贴春联？
3. 应该怎样贴春联？
4. 春节为什么吃饺子？
5. "我"包饺子包得怎么样？
6. 吃年夜饭的时候为什么不能吃鱼？
7. "我"以前放过鞭炮吗？放鞭炮怎么样？
8. 什么是压岁钱？
9. "我"这个春节过得怎么样？

(四) 选词填空

> 为　动手　有关　不停　指　推辞　表达　由于

1. 看电影的时候，旁边有两个人_____地讲话，真是太讨厌了！
2. _____题目太难了，这次考试大家的成绩都很差。
3. 我不知道用什么话才能_____我对你的感激。
4. 你能考上这么好的学校，我真_____你高兴。
5. 孩子听话不听话，跟父母平时的教育_____。
6. 您帮了我们这么大的忙，这点儿小礼物请你一定不要_____。
7. 他_____着那个穿黑衣服的男人，对警察说："就是他偷了我的钱包。"
8. 虽然他这样做让人很生气，但是你也不应该_____打人啊。

(五) 用"又"、"才"、"并"填空：

1. 我说的_____是地道的普通话呢。
2. 我不算是学习最努力的，他_____是我们班最努力的呢。
3. 他怎么会知道的？我_____没告诉他。
4. 你别生气了，我_____没说不带你去。
5. 我没做错，他_____做错了呢。
6. 你说的这件事，我_____不知道。
7. 那个破地方，我_____不想去呢！
8. 你_____不是没长眼睛，自己不能看吗？
9. 这件事_____不是他做的，你误会他了。

(六) 用所给词语完成句子

1. 他到中国不是来旅游的，_____。（而是）
2. _____，每年三百块钱的学费实在是太贵了。（对……来说）

3. _____，你带什么伞啊？（又）

4. _____，你就别着急，多玩儿一会儿吧。（又）

5. 你拿错包了，这个是我的，_____。（才）

6. _____，原来你出差了。（怪不得）

7. _____，我还不知道这件事呢！（如果不是……的话）

8. 我本想在宿舍学习，但_____，我只好去图书馆了。

（不停）

（七）改错句

1. 能考上这么好的大学，我真为了你高兴。

2. 怪不得他妈妈生病了，原来他今天没来上课。

3. 他想找一个有关汉语的工作。

4. 他才不会吃人，你怕什么？

5. 朋友们都认为有钱人很快乐，其实我又不快乐。

6. 这次考试他没通过，由于考试之前他生了一场大病。

（八）选择正确的位置

1. 他经常骑 A 自行车打 B 电话，我告诉 C 他很多次这样做 D 不好。

（着）

2. 你晚上 A 开车 B 应该注意 C 交通 D 安全。（更）

3. 昨天还 A 说得 B 好好的，他今天 C 怎么 D 改变主意了？（又）

4. 波伟 A 特别会说笑话，我们 B 一个个把 C 肚子 D 笑疼了。（都）

5. 我 A 说了好几次，他 B 把那个房间 C 打扫了 D 一下。（才）

6. A 他追出去 B 两百多米，C 把那个偷别人手机的小偷 D 抓住了。

（终于）

7. 爸爸妈妈 A 请不要 B 我担心，C 我已经长大了，能自己 D 照顾自己了。

（为）

8. A 他这个人特别马虎，B 会把字典、笔记等东西 C 忘在图书馆里 D。　　　　　　　　　　　　　　　　　　　　　　（常常）

9. A 很多人喜欢 B 在夏天去青岛旅游，因为 C 那里的夏天 D 那么凉快。　　　　　　　　　　　　　　　　　　　　　　（总是）

（九）选择合适的词语

　　过年过节到朋友家做客，最好带点儿礼物。如果朋友的爸爸喜欢喝酒，__1__ 带两瓶酒就很好。如果主人没有什么特别的爱好，带上一些水果 __2__ 可以。朋友过生日常常会请大家出去吃一顿，带点儿吃的喝的也行。去医院看病人一般也要买些东西，人们常常会买些水果或买一束花。中国人喜欢成双成对的东西，一般情况 __3__，送礼物要送双数，像酒一般要送两瓶。

　　收到别人的礼物时，中国人一般要说一些客气话，__4__ "来就来吧，买东西干什么"，"你太客气了"，这 __5__ 不表示主人不喜欢或不要。__6__ 到礼物后，中国人也不会在客人面前把礼物打开，这跟西方的习惯不一样。

　　1. A. 就　　　　B. 那么　　　　C. 可以
　　2. A. 还　　　　B. 却　　　　　C. 也
　　3. A. 时　　　　B. 下　　　　　C. 中
　　4. A. 是　　　　B. 有　　　　　C. 像
　　5. A. 并　　　　B. 又　　　　　C. 可
　　6. A. 收　　　　B. 得　　　　　C. 受

（十）阅读理解

　　春节也叫"过年"，是几千年来最受中国人重视的节日。

　　关于"过年"，有一个传说 (chuánshuō legend)：很久以前，有一种叫"年"的怪兽 (guàishòu monster)，每到冬末春初，就会从海里爬出来伤害 (shānghài harm) 人类。为了躲开这种怪兽，人们天不黑就早早关紧大门，一直要等到"年"不再出来时，才敢出门。有一年，几个孩子穿着红衣服，在院子里点了一堆竹子（zhúzi bamboo）玩儿。竹子燃烧（ránshāo burn）时"啪啪"地响，火光（huǒguāng flame）通红。没想到"年"到了这里，看见火光就吓得立刻跑掉了，人们因此知道"年"怕红、怕光、怕响声。于是，从那以后，每到"年"要出来的时候人们就贴红纸、挂红灯、放鞭炮，这样，"年"就不敢再来了。

除夕之夜到处都非常热闹，天一黑，孩子们就赶紧放起鞭炮来。孩子们放鞭炮的时候，也正是母亲们在厨房里最忙的时候。吃年夜饭，是家家户户最热闹愉快的时候。饭菜摆满了桌子，全家人围坐在桌子四周，一起吃团圆饭。人们既享受（xiǎngshòu enjoy）着好饭好菜，又享受着一家人团聚的快乐气氛。除夕晚上，即使不会喝酒的人也多少会喝一点儿。

中国人在除夕有"守岁"（shǒusuì stay up late or all night on the New Year's Eve）的习惯。守岁从吃年夜饭的时候就开始了，这顿饭要慢慢地吃，有的人家要一直吃到深夜。除夕这晚人们往往一晚上不睡，等待新年。第二天早晨，人们先放鞭炮，放过鞭炮以后，吃早饭。然后，人们开始进行春节的一项重要活动——到亲朋好友家拜年。拜年的时候人们说的常常是"新年好"、"春节快乐"。

贴春联也是春节的又一个重要习俗。人们把春联贴在门边，希望新的一年一切顺利、幸福快乐。除了贴春联，人们也喜欢在门上、窗户上贴上大大小小的"福"字，还故意把"福"字倒贴，因为"福倒了"听起来就是"福到了"。

1. 根据文章判断正误：

（1）春节是中国人最重视的节日。　　　　　　　　　　　　（　）

（2）传说"年"是一种在海里生活的怪兽，常在冬天出来伤害人类。

　　　　　　　　　　　　　　　　　　　　　　　　　　　（　）

（3）"年"特别怕响声，所以放鞭炮的话它就不敢来了。　　（　）

（4）吃年夜饭时，会喝酒的人就要喝一点儿，不会喝酒的人可以不喝。

　　　　　　　　　　　　　　　　　　　　　　　　　　　（　）

第四十七课　你把春联给贴反了

（5）"守岁"就是除夕晚上不睡觉，等待新年的到来。　　　（　）

（6）新年的早晨，人们常做的事情是去亲朋好友家拜年。　　（　）

2. 回答问题：

（1）关于过年，有什么传说？

（2）除夕晚上人们都做些什么？

（3）人们贴"福"字时，为什么要倒着贴？

文化小贴士 Proverbs

静以修身，俭以养德。

Jìng yǐ xiū shēn, jiǎn yǐ yǎng dé.

Calmness cultivates one's morality and thriftness trains one's quality.

本课听说生词

叉	扶	明显	细心	损失	马大哈	速度
改善	事故	上当	礼堂	项	轻松	寻找
祝贺	亲戚	晚辈	平安	斧头	小气	老家
过年	哦	禁止	乡下			

第四十八课　我忘不了的人

语法项目：

1. 一……就是……：

   在图书馆一坐就是八九个小时。

   （妈妈）带着我一过就是几十年。

2. "是……的"句（2）：

   您给我的帮助我是永远都不会忘记的。

   别人是不会尊重他的。

3. "把"字句和兼语句的套用：

   她让家人把自己的骨灰撒在大海里了。

   她总是能让我把不愉快的事情全部都忘掉。

4. 可能补语（4）：……得了/不了

   忘不了　活不了

5. 可能补语（5）：……得惯/不惯

   看不惯

重点词语：

1. 泡：她就一直泡在图书馆看书。

2. 实在：实在疼得忍受不了了。

3. 按照：我一直在按照自己喜欢的方式生活。

4. 仍然：我和妈妈的关系仍然非常好。

功能项目：

记叙某一个人

一、课文

(一) 一个难忘的学生

我教了几十年的汉语，教过很多国家的学生，其中最让我难忘的是一个韩国姑娘。她是一个非常热情、可爱而用功的学生。她喜欢汉语，也喜欢中国文化。除了上课以外，她就一直泡在图书馆里看书，有时候，在图书馆一坐就是八九个小时。

后来，她的胃常常就会疼起来，而且疼得很厉害。她本来不愿意停止学习，但实在疼得忍受不了了，才决定请假回国检查一下儿，等病好了再来中国学习。但是她回国后就再也没有回来。

回韩国刚一个月她就去世了，医生说她得了癌症，是胃癌晚期。回国后，她给我打过一个电话，说："老师，我活不了多长时间了，可是我很平静，因为我一直在按照自己喜欢的方式生活。两年的中国生活给我留下了很多美好的回忆，您给我的帮助我是永远都不会忘记的。谢谢您。"

她去世以后，她的朋友告诉我，她让家人把自己的骨灰撒在大海里了。因为那个大海的水是流向中国的，她希望能永远留在中国。

她当时才 26 岁，一直想当一名汉语翻译。现在一想到她，我心里就非常难过。我永远忘不了这个坚强的姑娘。

(二) 我的妈妈

有一句话说如果父亲是梁的话，那么母亲就是墙。要是没有梁，盖不成房子，但没有墙，就挡不住寒冷的风雨。母亲这堵墙倒了，家就不像家了。

一提到母亲，我的心中就充满了感激。

在我一岁的时候，爸爸就和妈妈离婚了。我跟妈妈一起生活，因此妈妈一个人照顾我，教育我。她从此再也没有结婚，带着我一过就是几十年。虽然那时候人们看不惯离婚的女人，但母亲一点儿也不害怕，坚强而愉快地生活着。

母亲既当妈妈又当爸爸，她会尽量满足我的各种要求，也总是能让我把不愉快的事情全部都忘掉。我虽然缺少父爱，却得到了双倍的母爱。现在我长大了，有一份很好的工作，也有了一个自己的小家。我和妈妈的关系仍然非常好，我们是母女，也是很好的朋友。

母亲从来不干涉我的生活，我呢，也不干涉她的生活；母亲努力适应我，我也努力适应她。我从母亲那儿学到了很多，她告诉我：人要有自尊，如果一个人不尊重自己，别人是不会尊重他的；要珍惜时间；永远不要失去信心；要学会享受生活的幸福。

第四十八课　我忘不了的人

二、生词

1. 姑娘	n.	gūniang	girl; daughter	甲
2. 用功	adj.	yònggōng	study hard, diligent	乙
3. 泡	v.	pào	steep, immerse; hang about	丙
4. 停止	v.	tíngzhǐ	stop, cease, halt, suspend	乙
5. 实在	adj./adv.	shízài	true, real, honest, indeed, really	乙
6. 忍受	v.	rěnshòu	bear, tolerate, endure, stand	丙
7. 得	v.	dé	get, obtain, gain	甲
8. 癌症	n.	áizhèng	cancer, carcinomatosis	
9. 晚期	n.	wǎnqī	later period, late stage	
10. 按照	prep.	ànzhào	according to, in light of	乙
11. 回忆	v./n.	huíyì	recall, recollect, call to mind	乙
12. 忘记	v.	wàngjì	slip from the memory; forget	乙
13. 骨灰	n.	gǔhuī	bone ash, ashes of the dead, remains	
14. 撒	v.	sǎ	scatter, sprinkle, spread; spill	乙
15. 海	n.	hǎi	sea, big lake; huge group of	甲
16. 坚强	adj.	jiānqiáng	strong, firm, staunch	乙
17. 梁	n.	liáng	beam of roof, girder; ridge	丁
18. 寒冷	adj.	hánlěng	cold, frigid, chillness	乙
19. 堵	m.(n.)	dǔ	*used for walls*	乙
20. 充满	v.	chōngmǎn	be full of, be filled with	乙
21. 离婚	v.o.	lí hūn	divorce, break a marriage	乙

22. 从此	conj.	cóngcǐ	from now on, from then on	乙
23. 惯	adj./v.	guàn	be used to, be in the habit of	丙
24. 尽量	adv.	jǐnliàng	to the best of one's ability	乙
25. 满足	v.	mǎnzú	satisfy, meet satisfied, contented	乙
26. 缺少	v.	quēshǎo	lack, shortage of, be short (of)	乙
27. 仍然	adv.	réngrán	still, yet, as yet, howbeit	乙
28. 干涉	v.	gānshè	interfere, intervene	丙
29. 自尊	v.	zìzūn	self-respect, proper pride	
30. 珍惜	v.	zhēnxī	treasure, value, cherish	丙
31. 失去	v.	shīqù	lose; miss	乙
32. 信心	n.	xìnxīn	confidence, faith	乙
33. 享受	v.	xiǎngshòu	enjoy (rights, benefits, etc.)	乙

本课新字

姑 泡 癌 症 按 忆 骨 灰 撒 梁
充 仍 涉 珍 享

三、语 法

（一）一……就是…… whenever

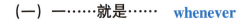

"一"后面通常是动词，"就是"后面为表示时间或数量的名词性成分，表示这个动作做的时间很长或数量很多。如：

Usually the word 一 is followed by a verb, and 就是 is followed by a noun or noun phrase of time or quantity, which means that the action takes a long time or the quantity is great. For example:

（1）他喜欢吃苹果，所以常常一买就是十斤八斤，放着慢慢吃。

（2）他这一走就是半年，一点儿消息也没有。

（二）"是……的"句（2）

"是……的"句多用来表示说话人的看法、见解和态度，对主语起解释、说明作用。"是"、"的"都表示语气，"是"常常可以省略。如：

This phrase is mainly used to express one's idea or attitude, which adds an explanation to the subject. Both 是 and 的 show the mood. 是 is often omitted. For example:

（1）能在短时间内学好汉语，是很不容易的。

（2）只要努力学习，你的成绩（是）会慢慢提高的。

（三）"把"字句和兼语句的套用

Combining usage of 把-sentence and double-function-object sentence

"把"字句和兼语句都是特殊句式，有时候这两种特殊句式可以套加在一起使用。使用时通常是"把"字句充当兼语的谓语成分。如：

Both of 把-sentence and double-function-object sentence are special sentences. Sometimes they can be used together, in which the 把-sentence is often used as the predicate of double-function object. For example:

（1）老板派他把这束花送到中山东路221号去。

（2）警察请她把驾驶执照掏出来。

（四）可能补语（4）：……得了/不了

Possibility complement (4)：……得了/不了

"V+得了/不了"表示对行为实现的可能性作出估计。如：

The structure "V+得了/不了" means an estimation to the possibility of doing something. For example:

（1）这么多菜，你一个人吃得了吗？

（2）这场比赛我们班肯定赢不了了。

（3）明天的会议我参加不了，你替我参加吧。

"adj.+得了/不了"表示对性状的变化作出估计。如：

The structure "adj.+得了/不了" means an estimation to the change of some properties. For example:

（1）你别担心，医生说这病不严重，好得了。

（2）下雨了，今天洗的衣服可能干不了。

"adj.+得了/不了"也可表示对性状的程度作出估计，一般只用于否定式，肯定式只用于问句中。如：

The structure "adj+得了/不了" can also mean an estimation to the degree of some properities. Usually the negative form is used, while the affirmative is only used in question sentences. For example:

（1）这箱子轻不了。

（2）真的假不了，假的真不了。

（3）这样的衣服还便宜得了？

（五）可能补语（5）：……得惯/不惯

Possibility complement (5)：……得惯/不惯

动词加上"得惯/不惯"表示习惯于做某事，如果去掉"得/不"就是一个结果补语。如：

A verb plus 得惯/不惯 means to get used to do something. It becomes a result complement if 得/不 is cancelled. For example:

（1）这么穿着衣服睡觉我可睡不惯。

（2）吃惯了馒头吃不惯米饭。

四、重点词语

（一）泡 steep immerse

1. [动] 较长时间的放在液体里。如：

[v.] put something into a certain liquid for a long time. For example:

（1）把衣服放在水里泡一泡再洗。

（2）两只手放在水里泡得发白了。

2. [动] 长时间地呆在某个地方或者长时间跟某人在一起。如：

[v.] Stay somewhere or with somebody for a long time. For example:

（1）电影八点才开始，我们只好在茶馆里泡了两个小时。

（2）他整天跟这些人泡在一起，不学坏才怪。

（二）实在 true, real

1. [形] 表示真实、不虚假。在句中可作定语、状语、谓语或补语。如：

The adjective 实在 means true, not false. It can be an attributive, adverbial, predict or complement. For example:

（1）他是个实在的人。

（2）他很实在地说："这些事情都是我应该做的。"

（3）老张对人很实在。

（4）他这些话说得很实在。

2. [副] 可以表示完全正确、的确。强调事情的真实性。如：

The adverb 实在 may mean completely right and certain. It emphasizes on the authenticity of something. For example:

（1）你对我实在太好了。

（2）这件事我实在不知道。

（三）按照　according to

[介] 表示根据、依照。如：

[prep.] The preposition 按照 means "in accordance with" or "according to". For example:

（1）按照学校规定，如果有1/3的课没有上就不能参加考试。

（2）你可以完全按照自己的想法做这件事。

（四）仍然　still

[副] 表示某种情况持续不变，修饰动词、形容词。多用于表示转折的后一小句中，前面常有"可是"、"但是"、"却"。如：

The adverb 仍然 (still) expresses that some situations continue without changes. It modifies verbs or adjectives. Mostly it is used in the later clause meaning a turn. The words 可是，但是 and 却 are often used before it. For example:

（1）下班后他仍然在考虑工作中的问题。

（2）他在生活中遇到了很多困难，可是仍然那样坚强，那样充满信心。

表示恢复原状，又。如：

It means to get back to its original state, or again. For example:

（1）出院以后，他仍然回到学校来学习。

（2）报纸看完以后，仍然放回原处。

比较：仍然、还是　Comparison between 仍然 and 还是

在表示"某种情况持续不变"的义项上，"仍然"、"还是"是同义词，但"仍然"多用于书面语，"还是"多用于口语。

另外，"还是"后面可以接名词，"仍然"不可以。如：

In the meaning of "some situation continues without change", the two words 仍然 and 还是 are synonyms. 仍然 is mostly used in written Chinese while 还是 is mostly used in spoken Chinese.

Besides, the word 还是 can be followed by nouns, but 仍然 can not. For example:

下学期还是王老师教我们。

*下学期仍然王老师教我们。

五、练习

（一）朗读短语

停止学习	停止运动	马上停止	忍受病痛	忍受不了	不能忍受
忘记过去	忘记历史	不会忘记	充满希望	充满感激	充满信心
珍惜时间	珍惜现在	珍惜友情	享受音乐	享受生活	享受幸福
缺少时间	缺少经验	缺少母爱	失去朋友	失去快乐	失去健康
发现不了	完成不了	实现得了	用不惯	喝不惯	说不惯

（二）替换练习

1. 她让 家人 把 自己的骨灰撒在大海里。

姐姐	那件衣服带来
老师	这个语法再讲一遍
弟弟	房间打扫干净
朋友	车票买好

2. 您给我的帮助我是 永远不会忘记 的。

我	很想参加这个活动
她	不会明白我的想法
这些节目	很精彩
他说的话	不会错

3. 我忘不了这个坚强的姑娘。

我	吃	这么多菜
蓝队	赢	这场比赛
他	办	登机手续
安达	解决	这种问题

4. 人们看不惯离婚的女人。

欧洲人	吃	中国菜
留学生	住	学生宿舍
我	穿	这么短的裙子
妈妈	听	这种流行音乐

(三) 根据课文回答问题

1. 那个韩国学生为什么回国了？
2. 她给"我"打电话说了什么？
3. 她为什么让家人把骨灰撒在大海里？
4. 那个女孩想做什么工作？
5. "我"从小跟谁一起生活？为什么？
6. 妈妈对"我"怎么样？
7. 现在，"我"和妈妈的关系怎么样？
8. "我"从母亲那儿学到了什么？

(四) 选词填空

从此　忍受　忘记　充满　泡　按照　实在　尽量

1. 她每天都跟一群中国朋友_____在一起，汉语当然提高得很快了。
2. 黄山的风景_____是太漂亮了。
3. 有什么要求你就提，我们会_____满足你的。
4. 我的同屋经常会在睡觉的时候说梦话，我真是_____不了了。

5. 人要学着去_____一些不愉快的事情，这样才会活得更幸福。

6. _____老师的要求，我每天都要背一篇汉语课文。

7. 这个小姑娘对未来_____了希望。

8. 我18岁大学毕业离开了西安，_____再也没回去过。

(五) 用"是……的"句改写句子

1. 下雨王华就不会来了。
　_____

2. 时间太短，这些题做不完。
　_____

3. 她很不愿意离开中国。
　_____

4. 这次考试很重要，大家要认真准备。
　_____

5. 她很想来看看你，只是没时间了。
　_____

6. 楼下的声音，这儿听不见。
　_____

7. 外国人很喜欢这些东西。
　_____

8. 她不会同意你这么做。
　_____

(六) 用所给词语完成句子

1. 他特别爱买书，_____。（一……就是……）
2. 他怎么能提这样的要求呢，_____。（是……的）
3. 她搬走后就没来过信，_____。（从此）
4. 为了写好这篇论文，_____。（泡）

5. _____，我自己的事自己拿主意。（干涉）

6. _____，现在吃食堂真是不习惯。（惯）

（七）改错句

1. 她把这件事让我别告诉王老师。

2. 这些活儿，今天是干不完。

3. 大学毕业后我就不再见到她了。

4. 按照你想，这个问题应该怎么解决？

5. 妹妹让我总是帮她洗衣服。

6. 丁荣很努力，一认真学习汉语就是两三个小时。

（八）选择正确答案

下面每个句子中都有一个画线的词语，ABCD 四个答案是对这一画线词语的不同解释或跟它意思相近的词，请选择最接近该词语的一个答案。

1. 冬天的时候，容易感冒，要多穿点儿衣服，<u>尤其</u>是老人和孩子。（　　）
   A. 特别　　　B. 当然　　　C. 也许　　　D. 可能

2. 为了让孩子能吃上早饭再上学，她每天都<u>不得不</u>很早就起床。（　　）
   A. 不能　　　B. 只好　　　C. 应该　　　D. 可以

3. 你<u>老</u>不交作业，老师能不批评你吗？（　　）
   A. 年纪大　　B. 原来　　　C. 有时　　　D. 总是

4. 都快八点了，再不走<u>准</u>迟到。（　　）
   A. 按时　　　B. 可能　　　C. 一定　　　D. 准备

5. 这件事我不想再<u>提</u>了，就让它过去吧。（　　）
   A. 拿　　　　B. 说　　　　C. 来　　　　D. 叫

6. 我喜欢安静，他喜欢热闹；我习惯早起，他常常很晚上床。我<u>实在</u>忍受不了这样的同屋了。（　　）
   A. 真实　　　B. 实际　　　C. 认真　　　D. 真的

7. 他刚来中国时,闹了不少笑话。 ( )

  A. 听   B. 发生   C. 讲   D. 热闹

8. 我根本不认识那个叫"王大健"的人。 ( )

  A. 从来   B. 完全   C. 本来   D. 以前

(九) 选择合适的词语

  按照中国人的传统习惯,去拜访关系密切的亲友一般不会___1___告诉对方。这一点和西方完全不同,也是西方人感到___2___的问题。___3___中国人这么做,也有一定的道理。因为如果提前告诉那个人,那么他就会准备,肯定要花一些时间和金钱。这样,就会给别人带来很多麻烦。因为___4___中国人的习惯,如果主人知道有客人来,一定要准备很多吃的喝的东西,没有准备的话是对客人不礼貌的。

  客人来了以后,主人会问客人要喝点儿什么,客人常常会说"不渴"或者"别忙了"___5___的客气话。客人这么说只是一种客气,怕给主人带来麻烦,并不是真的不渴。有时候,客人也会说"随便",___6___不直接说要什么。为什么这样说呢?如果客人要的东西,主人家没有,主人会觉得很不好意思。

  1. A. 马上   B. 提前   C. 当时

  2. A. 头疼   B. 失望   C. 痛苦

  3. A. 实际   B. 真实   C. 其实

  4. A. 按照   B. 经过   C. 为了

  5. A. 这些   B. 这样   C. 这么

  6. A. 而   B. 可   C. 就

(十) 阅读理解

  你哥哥比你大几岁?哦,大五岁。我呢,我跟我哥哥一样——都是13岁。你一定会感到奇怪:哥哥怎么会跟弟弟同岁?同岁怎么能算是哥哥?

  哈哈,这是因为我跟我哥哥是孪生(luánshēng twins)兄弟,其实,哥哥的年龄才比我大一分钟。

我跟哥哥长得很像：一样的脸，一样的高矮，一样的胖瘦。平常又穿一样的衣服，一样的鞋子，就连头发的长短和式样也一样。

爸爸妈妈给我们俩取（qǔ choose）了两个非常有趣的名字，哥哥叫小土，我叫小士——写起来只差那么一点儿。

我们兄弟俩不管在哪儿都非常有名，几乎没有人不认识我们。因为只要我们俩手拉手在街上一走，所有的人都会回头看我们——怎么长得这么像？就因为长得一样，我们闹出了许多笑话。

有一次，我们要发学生证，学生证上要贴一张照片。我先拍，我一拍完哥哥就去拍。摄影师糊涂（hútu confused）了，喊道："你怎么啦，不是刚拍过吗？怎么还要拍？"等弄明白是怎么回事，他笑着说："你们俩长得太像了，拍一张照片就够了。"

还有一次，我们学校跟另外一个学校进行篮球比赛，我们俩都是校队队员。哥哥先上场，我在场下做准备。球赛进行了一会儿，哥哥就犯规（fàn guī break the rules）了五次，被罚下场（fáxià chǎng foul out）了。队长叫我上场，我一进篮球场，裁判（cáipàn judge）就喊起来："你怎么啦？才罚下去怎么又上场啦？快下去！"直到他仔细看了我衣服上的号码——6号，才知道我不是犯规的队员——哥哥是5号。

这样的笑话真是三天三夜也说不完。正因为我和哥哥长得特别像，不论是爸爸妈妈叔叔阿姨，还是老师同学，大家都特别喜欢我们俩。

1. 根据文章判断正误：

　　（1）"我"和哥哥是同一天出生的，他只比我大一分钟。　（　）

　　（2）"我"和哥哥高矮胖瘦都一样，但有时候穿的衣服不一样。（　）

　　（3）很多人都认识我们哥俩。　（　）

　　（4）"我"和哥哥经常闹笑话。　（　）

　　（5）摄影师给我拍了两次照片。　（　）

　　（6）篮球比赛中，"我"穿6号球衣。　（　）

2. 回答问题:

(1) 为什么"我"和哥哥闹出了许多笑话?

(2) 照相时,他们闹了什么笑话?

(3) 在篮球场,他们闹了什么笑话?

(4) 为什么大家都喜欢他们兄弟俩?

文化小贴士 Proverbs

非淡泊无以明志,非宁静无以致远。

Fēi dànbó wúyǐ míng zhì, fēi níngjìng wúyǐ zhì yuǎn.

Only if one does not seek fame or wealth can he clear his will.

Only if one is calm can he goes further.

本课听说生词

承认	汗	没戏	脱	正常	分手	之间	及时
细	滑	滚	研究	手指	大脑	情书	皱
塞	拜访	讨好	围	心疼	危险	与	地位
平等							

第四十九课　让我来帮帮你吧

语法项目：

1. 趋向补语的引申用法：……下去：

   等下去

2. 非……不可：

   今天非迟到不可　非要完成不可

3. 连……带……：

   连人带车一下子摔倒了。

   连人带花摔倒在地上。

4. "把"字句和连动句的套用：

   我立刻跑过去把她扶起来。

   开车把我送到了医院。

5. "一"+动词：

   卷起裤子一看，果然在流血。

重点词语：

1. 赶紧：我赶紧冲进了雨里。

2. 一时：她疼得一时站不起来了。

3. 立刻：我立刻跑过去把她扶起来。

4. 果然：果然在流血

功能项目：

记叙某一件事

一、课　文

（一）让世界变得更美好

那天早上，我走在上班的路上，突然下起雨来，而且下得挺大的。真后悔没听天气预报，带一把雨伞。我赶紧跑到一个商店门口躲雨，希望过一会儿雨会变小一点儿。时间一分一秒地过去了，雨下得还是那么大，如果再等下去的话，非迟到不可。一想到迟到后单位领导那难看的脸色，我就顾不得雨的大小了，赶紧冲进了雨里。

我走了没几步，就看见路的另一边有一个骑自行车的小姑娘，连人带车一下子摔倒了。她疼得一时站不起来了。我立刻跑过去把她扶起来，还好，她摔得不严重，只是手上擦破了一点儿皮。我帮她把自行车扶起来，告诉她骑车要小心，然后，继续往前走。这时，一位阿姨走到我身边，对我说："跟我一起打伞吧，我送送你。"看到我一脸的惊讶，她笑了一下，很诚恳地说："你刚刚帮助了那个小姑娘，也让我帮帮你吧。"听了她的话，我非常感动。

在我们的生活中，很多人一方面抱怨这个社会越来越冷漠了，一方面自己也用冷漠的态度对待这个社会。其实如果每个人都献出一点儿爱，这个世界不是会变得更加美好吗？

(二)冬天的温暖

当我决定要做一件事的时候,就非要完成不可。有一次,我跟朋友约好了周末要去看她。虽然那天天气很冷,又下着雨,我还是决定去她那儿。

我家院子里种着一棵腊梅,正开着黄色的小花,满院子都是它的香味。朋友说,腊梅是她最喜欢的花,我决定折几枝送给她,希望这花会给她带来一点儿冬天的温暖。我走在路上,手里捧着腊梅,想象着朋友接过花时高兴的样子。突然,一辆摩托车从旁边冲出来,我没有注意,连人带花摔倒在地上。

摩托车一刻也没有停留,开走了。我却怎么也站不起来了,左腿疼得厉害。卷起裤子一看,果然在流血。"怎么了?小姑娘。"一个声音在耳边响起。我抬头一看,一个中年男人从车窗伸出头来问我。"我的腿摔伤了。"我回答说。他下了车,发现我伤得很严重,就开车把我送到了医院。等我走出急诊室的时候,护士告诉我送我来的人已经走了,费用他也替我交了。那几枝腊梅放在急诊室的门口,发出一阵阵的香味。

这件事过去几年了,现在我已经不记得那个热心人的模样了,但是我却永远记得那个寒冷的冬天他带给我的温暖。

第四十九课 让我来帮帮你吧

二、生词

1. 赶紧	adv.	gǎnjǐn	hurriedly, losing no time, speedily	乙
2. 非……不可		fēi……bùkě	must, have to, will, be bound to	乙
3. 单位	n.	dānwèi	unit, government office, organization	乙
4. 脸色	n.	liǎnsè	complexion, look; facial expression	丙
5. 顾	v.	gù	look at, look after; attend to	乙
顾不得	v.(c.)	gù bu de	unable to take care of, have to disregard	丁
6. 一时	adv.	yìshí	for a short while, temporary	乙
7. 立刻	adv.	lìkè	immediately, at once, right	甲
8. 惊讶	adj.	jīngyà	surprised, amazed, astonished	丙
9. 诚恳	adj.	chéngkěn	hearty, honest and sincere	乙
10. 刚刚	adv.	gānggāng	just, only, exactly; a moment ago	乙
11. 一方面……一方面……		yìfāngmiàn……yìfāngmiàn……	on one hand... on the other hand	乙
12. 冷漠	adj.	lěngmò	cold and detached, unconcerned	
13. 对待	v.	duìdài	treat, approach, handle	乙

14.	献	v.	xiàn	offer, present, donate; show	乙
15.	当……的时候		dāng……de shíhou	when	乙
16.	院子	n.	yuànzi	courtyard, compound, yard	乙
17.	棵	m.(n.)	kē	*for trees, cabbages, etc.*	甲
18.	腊梅	n.	làméi	wintersweet	
19.	味	n.	wèi	taste, flavour; smell	丙
20.	折	v.	zhé	break, fracture, snap; unfold	乙
21.	枝	m.(n.)	zhī	*for long, thin, inflexible objects*	丙
22.	捧	v.	pěng	hold or offer with both hands	乙
23.	想象	v./n.	xiǎngxiàng	imagine, visualize, imagination	乙
24.	摩托车	n.	mótuōchē	motorcycle, motorbike	丙
25.	停留	v.	tíngliú	stay for a time, stop, remain	丙
26.	果然	adv.	guǒrán	really, indeed, as expected	乙
27.	中年	n.	zhōngnián	middle age, mid-life	丙
28.	急诊室	n.	jízhěnshì	emergency room	
29.	费用	n.	fèiyòng	cost, expenditure, expense charges	乙
30.	发出	v.	fāchū	issue, send out, give out	乙
31.	阵	m.(v.)	zhèn	a period of time	乙
32.	热心	adj.	rèxīn	enthusiastic, ardent, warm-hearted	乙
33.	模样	n.	móyàng	appearance, look; situation	乙

本课新字

| 立 | 讶 | 诚 | 恳 | 漠 | 棵 | 腊 | 梅 | 枝 | 捧 |
| 摩 | 诊 | 阵 | 模 |

三、注释

一脸的惊讶 looks suprised

"一脸"指"满脸","一"有"满"的意思。汉语中有些名词可以被借用为量词,后面加"的"修饰名词。如:

The structure 一脸 means "all the face". The word 一 means 满 (full). Some nouns in Chinese can be used as a measureword, and if 的 follows it, it can modify a noun. For example:

(1) 妈妈今天做了一桌子的菜。

(2) 运动过后,出了一身的汗。

(3) 这个小小的房间里坐了一屋子的人。

四、语法

(一)趋向补语的引申用法:……下去

The extensive usage of tendency complement:……下去

"动词+下去"表示继续进行某种动作。否定式为"动词+不下去"表示无法继续进行某种动作。如:

The phrase "V+下去" is used as a tendency complement. It meaning denotes the continuation of a certain action. The phrase "V+不下去" is its negative form, denoting that one action can't be continued. For example:

（1）请你说下去。

（2）以后的工作很难做下去。

（3）谈话怎么也进行不下去了。

（4）这个家我真是住不下去了。

"形容词+下去"表示某种状态已经存在并且继续发展，强调继续发展。形容词多为表示消极意义的。如：

The structure "adj.+下去" expresses a certain state exists and continues. It focuses on its continuous development. Most of the adjectives are of negative meanings. For example:

（1）情况一天天地坏下去了。

（2）生病后，他一天天地瘦下去了。

（二）非……不可   have to, must will, be bound to

"非"后面多为动词、动词性短语、指人的名词、代词或小句。表示事情一定是这样或一定要这样。如：

The word 非 is followed mainly by verbs or verb phrases, personnal nouns, pronouns or simple sentences. It means that something must be like this or that. For example:

（1）外面的天阴得厉害，今天非下雨不可。

（2）这件事非要你做不可。

（3）弟弟说他非考上一个名牌大学不可。

如果"非"后面是动词或动词性结构，"不可"可以省略，意思不变。如：

If the word 非 is followed by a verb or a verb structure, 不可 can be omitted, and the meaning doesn't change. For example:

（1）不让他去，他却非要去。

（2）我本来不想去，但是妈妈非让我去。

（三）连……带…… and

1. "连"和"带"后分别跟两个名词或形容词，表示前后两项包括在一起，相当于连词"和"。如：

Both of the words 连 and 带 can be followed by nouns or adjectives, meaning to put the former item and the later one together. It has the same function as the conjunction 和 (and). For example:

（1）他们家连老人带小孩儿一共八口人。

（2）连钱包带手机都被小偷偷走了。

（3）第二年春天，他连气带累，就病倒了。

2. "连"和"带"后分别跟两个动词，表示两个动作紧接着，差不多同时发生。意思相当于"又……又……"有加强语气的作用。如：

If both of 连 and 带 are followed by verbs, it means that the two actions occur nearly at the same time. It equals the structure "又……又……" and plays the role of mood emphasizing. For example:

（1）看到妈妈不给她买心爱的玩具，孩子连哭带闹地坐在地上不肯起来。

（2）他连蹦带跳地来到教室。

（3）那些坏蛋连滚带爬地逃跑了。

（四）"把"字句和连动句的套用

Combining usage of 把-sentence and double-verb sentence

"把"字句和连动句都是特殊句式，有时候这两种特殊句式可以套加在一起使用。使用时可以是"把"字句充当连动句的一个动词性成分，也可以是连动句充当"把"字句的谓语成分。如：

Both of the 把-sentence and double-function object sentence are special sentence structures. Sometimes they can be combined into a whole sentence. The 把-sentence can be regarded as a verb part of the double-verb sentence. The double-verb sentence can also be regarded as the predicate of the 把-sentence. For example:

（1）校长把王老师请来辅导大家。

（2）把生词再写一遍给我看。

（3）她走上前把通知一把扯掉了。

（五）"一" + 动词　once, as soon as

表示经过某一短暂的动作就得出某种结果或结论。如：

This structure denotes that after a short-time action, a result is got or a conclusion is drawn. For example:

（1）我一说，他马上同意了。

（2）老师一看，教室里一个人都没有。

（3）他一想，妈妈说的也很对，就按妈妈说的做吧。

（4）外面突然有了声音，我一听，原来是下雨了。

五、重点词语

（一）赶紧　in a hurry

"赶紧"是副词，表示抓紧时间，不拖延。如：

The word 赶紧 is an adverb, meaning to do something early, in time, not delay. For example:

（1）他病得不轻，要赶紧送医院。

（2）听到这个消息，我赶紧打电话告诉爸爸。

比较："赶紧"和"连忙"　Comparison between 赶紧 and 连忙

两者都是副词，都常用在动词前，表示动作行为迅速进行。"赶紧"常用于祈使句，带有催促迅速行动的意思，也可以用于一般的陈述句。"连忙"不能用于祈使句，只能用于陈述句。如：

They are both adverbs and often put before verbs, meaning that an action is processing quickly. The word 赶紧 is often used in imperative sentences with the meaning to fasten the action happen. It can be also used in general declarative sentences. However, the word 连忙 can only be used in declarative sentences but not in imperative ones. For example:

车快开了，赶紧上来吧。

＊车快开了，连忙上来吧。

（二）一时　for the time being, at present

1. 表示行为、状态存在的时间很短暂。如：

It means a behavior or a state exists for a very short period. For example:

（1）她只是一时生气，一会儿就会好的。

（2）孩子突然生病要做手术，妈妈一时拿不出这么多钱，只好向别人借。

（3）这些钱我一时还用不着，你先拿去用吧。

2. 表示临时、突然。如：

For the time being, suddenly.

（1）我一时想不起来她的名字了。

（2）当裁判宣布对方获胜时，他一时没反应过来。

（三）立刻　as soon as

"立刻"表示紧接着某个时候，马上。后面可以接动词。如：

The word 立刻 means just after one certain time, at once. It can be followed by verbs. For example:

（1）请大家立刻到会议室集合。

（2）听到这句话，同学们立刻鼓起掌来。

"立刻"也可以接表示状态变化的形容词。如：

The word 立刻 can also be followed by an adjective meaning the change of state. For example:

（1）一提到结婚，她的脸立刻红了。

（2）老师进来后，教室里立刻安静了。

比较："立刻"和"马上"　Comparison between 立刻 and 马上

1. 两者都表示时间短促，但"马上"伸缩性较大，有时只表示说话人

心目中认为时间短;"立刻"所表示的短促时间则比较确定。如:

Both of the two words meaning do something within a very short time. The word 马上 expresses the extensive meaning of "at once". Sometimes it only refers to the short time in the view of the speaker, while 立刻 implies to do something within a definite short period. For example:

(1) 请你马上(立刻)来一趟。

(2) 现在已经是12月了,马上就要到新年了。

　　*现在已经是12月了,立刻就要到新年了。

2. "马上"是口语,"立刻"多用于书面语。

The word 马上 is spoken Chinese while 立刻 is written Chinese.

(四) 果然   as expected

表示事实与所说或所料相符。用在谓语动词、形容词或主语前。

It denotes that the fact matches what is expected. It is used before a verb, adjective or subject.

(1) 试用了这种新药以后,他的病果然有了好转。

(2) 听说这部电影很好看,看了以后果然不错。

(3) 我们都认为你不会迟到,果然你准时到了。

六、练习

(一) 朗读短语

一棵树	一棵草	一棵腊梅	一阵风	一阵雨	一阵香味
折断	折起来	折成两半	读下去	等下去	写下去
果然下雨了	赶紧解释	赶紧道歉	赶紧解决	果然来了
果然是这样	发出声音	发出香味	发出邀请	非去不可
非生气不可	非看不可	立刻回家	立刻解决	立刻跑过来

第四十九课　让我来帮帮你吧

(二) 替换练习

1. 请你|说|下去。

   | 看 |
   | 讲 |
   | 研究 |
   | 坚持 |

2. |今天|非|迟到|不可。

今天	下雨
我	去
这场比赛	赢
这件衣服	买

3. |我|马上|跑过去|把她|扶起来|。

妈妈	打电话	叫回来
老师	开车	送回家
爸爸	打开门	扶进去
警察	跑过去	抓住

4. 我|卷起裤子|一|看|，果然|在流血|。

打开窗户	看	在下雪
打电话	问	他已经走了
拿起成绩单	看	考了一百分
回到家	找	在桌子上

(三) 根据课文回答问题

1. 那天早上上班怎么了？
2. "我"看见小姑娘摔倒后，做了什么？
3. 怎么样才能让这个世界变得更美好？

4. "我"为什么要送朋友腊梅花？

5. 去朋友家的路上，发生了什么事？

6. 那个中年人是怎么帮助"我"的？

（四）选词填空

> 发出　顾不得　惊讶　献　果然　一时　想象　折

1. 你要的东西我_____没买到，等我买到以后再寄给你吧。

2. 听说好朋友被车撞了，他_____穿大衣就往医院跑。

3. 一大早，我打开窗子，_____地发现外面下大雪了。

4. 大家都表示愿意为农村的孩子_____出一份爱心。

5. 我不敢_____，如果这个世界没有了水会怎么样？

6. 他因为_____了公园里的一枝花被妈妈批评了一顿。

7. 中国有句话"每逢佳节倍思亲"，_____一点儿都不错，我平时不怎么想家，但是在春节的时候却特别想家。

8. 朋友们都喜欢到她那儿坐坐，因此她的房间常常会_____一阵阵的笑声。

（五）用趋向补语"下来"、"下去"填空

1. 车慢慢停_____了。

2. 虽然少了两个人，但我们的工作还得搞_____。

3. 什么时候开始这项工作，现在还没有定_____。

4. 所有参加长跑的人最后都坚持_____了。

5. 事情还不清楚，我们讨论_____也没有用。

6. 家里已经拿不出学费来了，他不能继续学_____了。

7. 老师上课时讲得太快了，笔记我记不_____。

8. 这小说没意思，我实在不想看_____了。

(六) 用所给词语改写句子

1. 如果你继续这样努力的话，肯定能学好汉语。（下去）

   _____

2. 她不来就算了，为什么一定要叫她来呢？（非……不可）

   _____

3. 他饿坏了，把饭和菜都吃完了。（连……带……）

   _____

4. 我觉得应该这么做，也没时间管别人怎么想了。（顾不得）

   _____

5. 看到她的样子我马上就知道她肯定没把这件事办好。（一+v.）

   _____

6. 给我看看你画的那幅画儿。（"把"字句和连动句套用）

   _____

(七) 用所给词语完成句子

1. 学生们总是很讨厌考试，_____。（其实）
2. _____，只是不想告诉你。（其实）
3. 大家都说这种感冒药效果很好，_____。（果然）
4. 老师把试卷递给我，_____。（"一"+动词）
5. 他问的问题有点儿难，_____。（一时）
6. 酒后开车，_____。（非……不可）
7. 他们队的两个队员受伤了，这场比赛他们_____。

   （非……不可）
8. 一辆汽车突然转弯，她_____。（连……带……）

(八) 综合填空

一天，我去商店买东西，回去的_____上才发现，我的钱包不知道什么时候丢了。钱包里有刚从银行_____出来的钱，还有护照和学生证。当

_____，我非常着急，_____紧回商店找，商店的人说没有看到，我只好回学校了。_____进宿舍，朋友就说："你去哪儿了？刚才办公室的王老师找你，说有人给你送东西。"我马上去办公室，王老师_____钱包拿出来说："你的钱包丢在路上，一位老大爷捡（jiǎn pick up）到后，给你送来了。"我一看，钱包_____面的东西一件也没少，非常高兴，对老师说："我想见见那位大爷。"后来，老师带我去了那个大爷的家，为了表感谢，我要送他两百块钱，可他就是不要。没办法，我只好和老大爷一起照了张相，留作纪_____。

（九）选择合适的词语

在中国，如果你要送人礼物，__1__不知道送什么好，那就送茶吧。茶是中国的"国饮"，它__2__是一种饮料，还是一种文化。喝茶、送茶是中国人几千年的风俗和习惯。

中国人最早发现了茶树，也发现茶叶不但有特别的味道，__3__还可以治病。在中国西南地区，人们最早学会了种茶。早在一千五百年前，中国茶叶__4__开始运往亚洲其他国家。三百多年前，中国茶叶又运送到欧洲一些国家。中国茶叶的品种很多，__5__有红茶、绿茶、花茶等。

1. A. 也　　　　　B. 还　　　　　C. 又
2. A. 不过　　　　B. 不仅　　　　C. 不管
3. A. 所以　　　　B. 可是　　　　C. 而且
4. A. 就　　　　　B. 才　　　　　C. 可
5. A. 全部　　　　B. 主要　　　　C. 可能

（十）阅读理解

时间过得真快，我来中国学习汉语快一年了。在这一年中，发生了很多事情，可是最让我感动的是我刚到中国时与一个中国人无声的交往（jiāowǎng contact）。

第四十九课　让我来帮帮你吧

　　那天我从东京 (Dōngjīng Tokyo) 坐飞机先到北京，准备再转机到南京。在北京机场需要等五个小时。那是我第一次出国，而且一句汉语也不会说，只好一直坐在国际候机室里紧张地等着。时间差不多的时候，我要把行李搬到国内候机室去。我的行李有四十多公斤，一个是背的，一个是拉的。开始走平地 (píngdì flat ground)，问题不大，可是后来要下楼梯，我实在拿不动了。我站在那里不知道该怎么办，这时有个男人不知说了句什么就"抢" (qiǎng snatch) 走了我的行李。这个人长得不是很好，脸上没有一点儿笑，还穿着一件破旧的黑衣服。我怕他是小偷，就赶快把行李抢回来了。可是那个楼梯为什么那么长啊。四十公斤重的行李，我一个人提着，实在受不了，只好停下来休息休息。这时候，不知不觉，行李又被人拿走了，抬头一看，还是那个黑衣人！我不会说汉语，只好急急忙忙地追他。等我跑下楼去的时候，那个人已经在下面等我并把行李还给了我。但我还是不放心，心想："他要是跟我要很多钱怎么办？"可是他一句话也没说就走了。这时我才放心，又觉得对不起他，所以赶快用英语说了句："谢谢！"他回头看看我，笑了一下，就消失 (xiāoshī dispear) 在人群里了。

　　虽然，他长得不太像个好人，但是他微笑着的眼睛让我想起我曾经喜欢过的一个人，一双很善良 (shànliáng kindhearted)、很温暖的眼睛。那时我就清楚地知道，我会爱上中国，爱上中国人的。

根据文章判断正误：

1. "我"来中国学习汉语已经一年多了。　　　　　　　　（　）
2. "我"来中国是第一次出国。　　　　　　　　　　　　（　）
3. "我"需要在北京机场等五个小时才有到南京的飞机。　（　）
4. 从国际候机室到国内候机室要下楼梯。　　　　　　　（　）
5. 那个穿黑衣服的男人看起来不像一个好人。　　　　　（　）
6. 那个男人帮我把行李拿下去以后要了很多钱。　　　　（　）

文化小贴士 Proverbs

黑发不知勤学早，白头方悔读书迟。

Hēifà bùzhī qín xué zǎo, báitóu fāng huǐ dú shū chí.

When one is black-haired,
he does not understand he should be diligent.
While he becomes white-haired,
he starts to regret that it is late to read.

本课听说生词

打招呼	音乐会	放弃	显得	幅	生词	吸引
笨	数字	减轻	疲劳	井	淡	玻璃
故乡	浓	壶	歌唱家	演出	绕	故意
高峰	现象	私人	油			

第五十课　复习（十）

一、课文

从出生到工作，我从来没有离开过我们国家，离开过我居住的城市，我极其讨厌这种没有一点儿变化和乐趣的单调的生活。

有一天，我偶然在杂志上看到一篇介绍中国的报道，一下子就被吸引住了，决定到中国学习汉语，开始一种新的生活。但是这个想法遭到了全家人的一致反对，尤其是爸爸，他说："为什么要学习汉语呢？很多人学汉语是为了找一份工作。你又不是没有工作，你的工作这么好，丢掉是很可惜的。如果你去中国，以后非后悔不可，你要考虑清楚。"但是，谁也不能阻止我去中国，不管他们怎么劝我，我还是办好了签证，联系好了学校。看到我这么坚决，家人也勉强接受了我的想法。只有爸爸，当他知道我已经买好了机票，就拒绝跟我说话。离开家的那一天，全家人开车把我送到机场，爸爸却躲在自己的房间里没有出来。

就这样，带着一丝遗憾，我来到了中国。但中国的生活却远远没有我想象的那么顺利。我从未离开过家，所以很难立即适应一个人单独在外的生活，特别想家。为了忘记寂寞，我拼命学习。除了学习，我还一有空儿就给家里打电话，常常一打就是一个小时。可是，爸爸却从来不接我的电话。我想，他一定还在生我的气。

有一天晚上，窗外的月亮特别明亮，我又想家了，睡不着觉。起床看家人的照片，当我看到一张来中国之前和家人去旅行的照片的时候，忍不住哭了起来。突然，电话铃响了，我一接，是爸爸！

我不想让爸爸知道我的心情，就装作高兴地说："我过得很好，在这儿一切都很顺利，也不太想家。"

爸爸静静地听着，后来他说："我的女儿，爸爸当时反对你去中国，一方面是舍不得让你离开我。另一方面，我不了解中国，我觉得，中国那么落后，你不应该去。但现在我明白了，你的选择是正确的，我为你感到自豪。爸爸盼望你早一点儿学好汉语回国。"听了爸爸的话，我的眼泪再也止不住了。

现在，我已经在中国生活了半年多了，完全习惯了中国的生活，汉语也学得越来越好了。爸爸妈妈下个月要来中国旅行，他们说想看看这个古老而年轻的国家。

第五十课 复习(十)

二、生词

1. 居住	v.	jūzhù	reside, dwell		丙
2. 极其	adv.	jíqí	extremely, exceedingly, very, highly		乙
3. 乐趣	n.	lèqù	delight, joy, pleasure		丁
4. 单调	adj.	dāndiào	repetitious, drab, tediously		乙
5. 偶然	adj.	ǒurán	accidental, fortuitous, chance		丙
6. 报道	v./n.	bàodào	report (news)		乙
7. 遭到	v.	zāodào	suffer, meet with; encounter		乙
8. 一致	adj.	yízhì	identical, unanimous, consistent		乙
9. 反对	v.	fǎnduì	oppose, be against, object		甲
10. 阻止	v.	zǔzhǐ	prevent, stop, hold back		丙
11. 劝	v.	quàn	encourage; persuade, advise		乙
12. 签证	n.	qiānzhèng	visa		丁
13. 坚决	adj.	jiānjué	firm, determined		乙
14. 勉强	v./adj.	miǎnqiǎng	force sb. to do sth.; do with difficulty; reluctant		丙
15. 丝	m.(n.)	sī	a tiny bit		乙
16. 远远	adj.	yuǎnyuǎn	far away, distant		
17. 未	adv.	wèi	have not, did not, not yet		乙
18. 立即	adv.	lìjí	immediately, instantly, at once		乙
19. 单独	adv.	dāndú	alone, solely, individually		丙
20. 寂寞	adj.	jìmò	lonely, lonesome		丙
21. 拼命	adv.	pīnmìng	exerting the utmost strength, with all one's might		乙

151

22. 月亮	n.	yuèliang	the moon	甲
23. 明亮	adj.	míngliàng	light, bright	乙
24. 铃	n.	líng	bell; bell-shaped thing; boll	乙
25. 装	v.	zhuāng	pretend, make believe	甲
26. 静	adj.	jìng	silent, quiet, noiseless	乙
27. 自豪	adj.	zìháo	be proud of, take pride in	丙
28. 盼望	v.	pànwàng	hope for, long for	乙
29. 止	v.	zhǐ	stop, halt, cease, desist	乙
30. 古老	adj.	gǔlǎo	ancient, old, age-old	乙

本课新字

偶 遭 致 阻 劝 勉 未 即 寂 寞
拼 铃 豪 盼

三、练 习

(一) 朗读短语

极其伟大	极其漂亮	极其实用	一篇报道	报道这件事
正确的想法	正确的做法	奇怪的想法	偶然遇到	偶然发现
遭到拒绝	遭到反对	遭到批评	一致要求	一致同意
态度坚决	坚决反对	反对这种做法	反对这个计划	反对我出国
拼命学习	拼命工作	拼命反对	经济落后	落后的国家
感到自豪	古老的国家	古老的城市	古老的建筑	古老的故事

（二）根据课文回答问题

1. "我"为什么要来中国留学？
2. 家人对"我"到中国学习有什么反应？
3. 爸爸为什么反对"我"来中国？
4. "我"刚到中国的时候习惯吗？
5. "我"学习努力吗？为什么？
6. 除了学习，"我"还做什么？
7. 爸爸在电话里跟"我"说了什么？
8. "我"现在的生活怎么样？

（三）选词填空

> 单调　　遭到　　拼命　　尤其　　决心　　坚决　　远远　　立即

1. 知道这个消息后，他_____给我打了个电话。
2. 听说我考上了大学，家人都特别高兴，_____是妈妈，她都激动得哭了。
3. 他动手术需要二十多万呢，你这么点儿钱，_____不够。
4. 虽然他_____向我解释他不是故意这样做的，但我还是不想原谅他。
5. 他想邀请那个心爱的女孩去看电影，但是却_____了女孩的拒绝。
6. 我_____反对利用周末给学生补课，因为这样会让学生太疲劳。
7. 被老师批评了一顿，波伟下定_____以后再也不迟到了。
8. 除了上课就是上课，这种生活真是太_____了。

（四）从括号中选择合适的词语填空

1. 他为我做的_____都让我非常感动。　　　　（所有、一切）
2. 教室里_____的桌椅都被搬到外面去了。　　（所有、一切）

3. 虽然在这儿一个朋友也没有，但是我＿＿＿＿不感到寂寞。
（又、并）

4. 我＿＿＿＿没惹你，你跟我生什么气呀？ （又、才）

5. 你说他考上了北京大学？我＿＿＿＿不相信呢。 （又、并、才）

6. ＿＿＿＿我跟他认识多年，因此很了解他的性格。（由于、因为）

7. 你必须向他道歉，＿＿＿＿这件事确实是你的不对。
（由于、因为）

8. 妈妈的生日＿＿＿＿就要到了，我送她什么礼物好呢？
（立刻、马上）

9. 领导们对他的工作都很＿＿＿＿。 （满足、满意）

10. 我没办法＿＿＿＿你这种要求。 （满足、满意）

11. 跟昨天一样，今天的会议＿＿＿＿王校长主持。 （仍然、还是）

12. 现在已经很晚了，我＿＿＿＿明天再去吧。 （仍然、还是）

（五）连词成句

1. 得 雨 这么 下 大 是 很 安全 不 开车 的

＿＿＿＿＿＿＿＿＿＿＿＿＿＿＿＿＿＿＿＿

2. 不 现在 记 已经 得 模样 那 热心人 的 了 我 个

＿＿＿＿＿＿＿＿＿＿＿＿＿＿＿＿＿＿＿＿

3. 他 带 给 我 冬天 来 一点儿 在 温暖 了

＿＿＿＿＿＿＿＿＿＿＿＿＿＿＿＿＿＿＿＿

4. 我 起来 他 立即 扶 过来 帮 把 自行车 跑

＿＿＿＿＿＿＿＿＿＿＿＿＿＿＿＿＿＿＿＿

5. 妈妈 能 的 总是 让 事情 把 愉快 都 不 忘掉 我

＿＿＿＿＿＿＿＿＿＿＿＿＿＿＿＿＿＿＿＿

6. 弟弟 送 把 我 的 那个 给 工艺品 打 了 朋友 给 坏

＿＿＿＿＿＿＿＿＿＿＿＿＿＿＿＿＿＿＿＿

7. 多 只要 你 多 一定 就 说 能 学好 练 汉语

_____

8. 你 号码 把 的 电话 记 了 他 下来 吗

_____

9. 我 赶紧 伸 筷子 夹 出 准备 鱼 一块

_____

10. 脸 听 他 这 事 一 的 惊讶 件 到 后

_____

（六）用所给词语完成句子

1. _____，她都坚决不改变原来的想法。（不管）
2. 你现在不马上出发的话，_____。（非……不可）
3. _____，这项工作没有顺利完成。（由于）
4. 我才学了一年的汉语，_____。（远远）
5. 为了能在城市里有一套自己的房子，_____。（拼命）
6. _____，原来是你没有通知他。（怪不得）
7. 现在已经是晚上十一点多了，_____。（单独）
8. 他本来觉得自己的想法会得到大家的同意，_____。（反对）

（七）用括号里的词语或结构改写句子

1. 他这样做，大家都气得一句话也说不出来了。（"把"+O+V+"得"……）

   _____。

2. 因为有老师和同学们的关心，他的身体越来越好了。（在……下）

   _____。

3. 我的眼镜被弟弟摔碎了。（把……给……）

   _____。

4. 他是南方人，不太习惯吃面食。（……不惯）

   _____。

5. 没课的时候，他整天呆在图书馆里看中国文化方面的书。（泡）
   _____。

6. 1987年离开家乡以后，他就再也没有回去过。（从此）
   _____。

7. 你这样做有自己的原因，我不会生气。（是……的）
   _____。

8. 如果他知道了这件事，一定会高兴得跳起来。（非……不可）
   _____。

（八）改错句

1. 你想去哪儿玩儿我们就去那个地方玩儿。
2. 天气越来越冷了，这样一来，昨天下了一场大雪。
3. 他们都觉得南方的冬天很暖和，其实又不是这样的。
4. 怪不得他生病了，原来他没来上课。
5. 我那么大声地叫你，你果然没听见？
6. 他的想法遭到了大家的同意。
7. 不管他生气，我还是会坚持自己的想法。
8. 没想到，昨天他突然没去参加那个会议。

（九）选择正确的位置

1. 他 A 年过三十 B 打算 C 学习一门外语，D 开始一种新的生活。（才）
2. 爬 A 完那么高 B 一座山，我的腿累 C 几乎抬 D 不起来了。（得）
3. 一天，我 A 突然 B 接到一个国外朋友的电话，他 C 说最近 D 来中国。（会）
4. A 桌子上摆 B 了为招待客人准备 C 的饮料和水果 D。（满）
5. 你 A 能顺利地 B 办成这件事，肯定是 C 张经理帮了忙，你 D 好好感谢他。（要）
6. 他 A 感冒了，B 连续几天都发 C 着烧，D 没去上课。（一直）

第五十课 复习(十)

7. 你赶快A找个地方坐B下来吧,站C听D报告一会儿就受不了了。
(着)
8. 你去A看B博物馆展出C的明清中国画D没有? (过)
9. 他A觉得整天B呆在家里C闷得慌,D出去旅行了。 (就)
10. 今年,我们A学校有来自美国、英国、韩国B和其他C国家
D学生。 (的)

(十)阅读理解

上周末我们跟老师一起去中国人家里做客。我们去的是王大妈家,家里还有她丈夫、儿子、儿媳妇（érxífu son's wife）和孙子。在澳大利亚,父母和他们的孩子一起住,爷爷和奶奶是单独住的。

我们一到,王大妈就给我们倒茶。在澳大利亚,请客的时候,客人一到,主人先给他们喝冷饮,吃完饭以后,才喝热饮。喝了一会儿茶后,王大妈带我们参观了她的家,包括卧室、书房、卫生间等。她家很舒服,看起来夏天的时候会很凉快。在澳大利亚,第一次去别人家,一般他们是不会让你参观自己的家的。

王大妈还让我们猜她多大年纪,我没想到她已经68岁了,她的身体多好啊！她很高兴地告诉我们她的年龄,但在西方,大部分60多岁的女人都不愿意告诉别人自己的年龄。王大妈像年轻人一样,穿的衣服也比较时髦(shímáo fashionable)。

我们参观完以后开始吃晚饭,中国人吃饭的习惯跟澳大利亚不一样。在澳大利亚,主人给每个人一个盘子,盘子里装着菜。在中国吃饭,菜都放在桌子中间,大家一起吃。王大妈家的菜很好吃。在澳大利亚,做客的时候,不论菜好吃还是不好吃,客人一定都说菜很好吃,我听说在中国也是这样。菜做得实在是太多了,我们吃饱以后,桌上还有很多菜呢。我们问王大妈菜是谁做的,她说是她丈夫做的。我很吃惊一个男人会做饭,而且做得这么好,是真的好,不是客气话。在澳大利亚,大部分男人都不会做饭。

吃完饭,我们又一起看电视、聊天,九点多我们才跟王大妈一家告别(gàobié say goodbye)。王大妈热情地邀请我们再来她家做客。

去王大妈家做客很有意思,我希望以后有机会她能跟我谈谈她的生活经验,中国老年人的生活经验常常是很有意思的。我也可以更加了解两国不同的文化。

1. 根据文章判断正误:

(1)王大妈家有四口人。   ( )
(2)在澳大利亚人家做客,一般先喝热饮,吃完饭再喝冷饮。 ( )
(3)我们参观了王大妈的家。   ( )
(4)王大妈虽然年纪很大了,但是身体非常好。 ( )
(5)王大妈不太愿意告诉我们她的年龄。 ( )
(6)王大妈的丈夫很会做菜。   ( )

2. 回答问题:

去做客的时候,中国和澳大利亚有什么相同和不同?

文化小贴士 Proverbs

驽马十驾,功在不舍。

Númǎ shí jià, gōng zài bù shě.

A jade running ten days can go far away, because it doesn't give up.

第五十课 复习(十)

本课听说生词

白天　飘　　支持　恢复　亲自　肯　　不见得　教训
犯　　页　　招待　敬酒　碰　　托　　说明　　酒精
吸收　消化　治　　肥　　神秘　产生　文明　　活力
未来　请教

第五十一课　爱情清单

语法项目：

1. 时……时……：

   日子越过越平淡，感情也时好时坏。

2. 与其……不如……：

   与其两人这样凑合，还不如分开。

3. 在……看来：

   在他看来，最重要的是怎么发展自己的事业。

4. 对于：对于家庭，他已经没有心思考虑。

5. 值得：好像家庭也不再值得他考虑了。

6. 以便：

   屋子里放了四个烟灰缸，……以便你在任何一间屋子里随时都能弹烟灰。

7. 任何：任何一间屋子

8. 不论……都……：

   不论多晚，我都给你拿一杯水和一块毛巾。

功能项目：

婚姻、家庭

一、课文

　　他们结婚五年了,一直没有孩子。日子越过越平淡,感情也时好时坏,随时都有可能离婚。

　　最终,男人提出了分手。他的理由是:与其两人这样凑合,还不如分开。这时,这个男人已经辞了职,准备自己单干。在他看来,最重要的是怎么发展自己的事业,对于家庭,他已经没有心思考虑,而且好像家庭也不再值得他考虑了。

　　女人有些伤心,但还是默默地收拾好自己的东西,搬回妈妈家住了。

　　一个星期后,两个人一起去办离婚手续。

　　在办公室外面,女人说:"其实,我早就觉得累了。你只顾忙你自己的事业,家里的事情一点儿都不管,还总是乱发脾气。我一直没有提出离婚,是怕给你雪上加霜。现在你先提出来,真是太好了!"说完,她从口袋里掏出一封信,递给男人。

　　信封上写着四个字:"爱情清单"。男人奇怪地抽出里面的信。信不长,只有一页。

　　上面这样写着:

我为你做过的事：

1. 每天早晨，拉开窗帘，让阳光照进来，让你有个好心情。

2. 做一顿又好吃又有营养的早饭，让你吃得饱饱的去上班。

3. 每天把买来的水果洗好，放在盘子里，端到茶几上，让你看电视时伸手就能拿到。

4. 每周五，买一大堆吃的东西放在冰箱里，让你一个人在家时不会饿着肚子。

5. 每周六，打扫一遍屋子，让你有一个干净明亮的环境。同时，把你所有的脏衣服、脏袜子放进洗衣机，洗净、晾好。

6. 每个季节都要把你换季的衣服和鞋子洗净，放在柜子里。

7. 屋子里放了四个烟灰缸，卧室、客厅、餐厅和卫生间里各一个，以便你在任何一间屋子里随时都能弹烟灰。

8. 每次你喝醉酒后，不论多晚，我都给你拿一杯水和一块毛巾，以便你吐完以后漱口、擦嘴。

你为我做过的事：

说实话，我一点儿也想不起来。所以，我同意离婚。

男人的脸有些发烧,眼睛里也有些湿了。他把信仔细地折好,小心地放进上衣口袋。

他走到女人面前,握住她的手,轻声说:"我想把这份爱情清单修改一下,我们回家,好吗?"女人点了点头。

(来源于新浪网 2006 年 3 月 7 日)

二、生词

1. 清单	n.	qīngdān	list of items, checklist, stock list,	
2. 平淡	adj.	píngdàn	flat, prosaic, pedestrian, ordinary, insipid, wateriness, bald	
3. 随时	adv.	suíshí	at any time, whenever necessary	乙
4. 理由	n.	lǐyóu	reason, augument, cause	乙
5. 与其	conj.	yǔqí	rather than, better than	丙
6. 凑合	v./adj.	còuhe	passable, improvise; not too bad	丁
7. 不如	v./conj.	bùrú	not equal to, not as good as	甲
8. 辞职	v.o.	cí zhí	resign, demission, demit	丁
9. 单	adj.	dān	single	乙
10. 事业	n.	shìyè	career; undertaking	乙
11. 对于	prep.	duìyú	concerning, regarding, toward, at	乙
12. 心思	n.	xīnsi	thought, idea, thinking, mind	丙
13. 值得	v.	zhíde	deserve; worth while	乙
14. 伤心	adj./v.o.	shāng xīn	sad, grieved; hurt one's feelings	乙
15. 默默	adv.	mòmò	quiet, silent, quietly	丁

16. 霜	n.	shuāng	frost	丙
17. 照	v.	zhào	shine, illuminate, light up	乙
18. 营养	n.	yíngyǎng	nutrition, nourishment	乙
19. 茶几	n.	chájī	tea table, teapoy, side table	
20. 袜子	n.	wàzi	socks, stockings, hose	甲
21. 晾	v.	liàng	dry in the air	丁
22. 柜子	n.	guìzi	cupboard, cabinet	丙
23. 缸	n.	gāng	vat, jar, crock; jar-shaped	丙
烟灰缸	n.	yānhuī gāng	ashtray	
24. 以便	conj.	yǐbiàn	so that, in order to, so as to, with the aim of, for the purpose of	丙
25. 任何	pr.	rènhé	any, whatever	甲
26. 不论	conj.	búlùn	no matter (what, who, how, etc.), whether	乙
27. 毛巾	n.	máojīn	towel	乙
28. 吐	v.	tù	spit, force sth. out of one's mouth	乙
29. 漱口	v.o.	shù kǒu	gargle, rinse the mouth	
30. 实话	n.	shíhuà	truth	丙
31. 上衣	n.	shàngyī	upper outer garment	乙
32. 修改	v.	xiūgǎi	revise, amend, alter, modify	乙

本课新字

与 凑 职 虑 脾 霜 掏 抽 帘 营
扫 脏 袜 烟 缸 醉 吐 漱 柜

三、注 释

（一）我一直没有提出离婚，是怕给你雪上加霜。

The reason I haven't suggested to divorce is that I do not want to make it a disaster to you again.

"雪上加霜"比喻一再遭受损失或灾难，损害愈加严重。如：

The expression 雪上加霜 (one disaster after another) means disaster comes one by one, and it become worse and worse. For example:

（1）抽烟的坏习惯让他的病情雪上加霜。

（2）毕业以后，他找工作很不顺利，后来女朋友又提出分手，这对他来说真是雪上加霜。

（二）说实话，我一点儿也想不起来。

Frankly to say, I have nothing in my mind.

"说实话"，意思是对听话人说自己真实的想法，也可以说"实话告诉你"。如：

The expression 说实话 (Frankly to say, to tell the truth) means to tell the listener the speaker's true opinion. It can also be said as the expression 实话告诉你. For example:

（1）说实话，张教授的书我一本都没看过。

（2）实话告诉你吧，麦克最近在跟一个中国女孩儿谈恋爱。

四、语 法

（一）时……时……   sometimes

"时"，意思是"时而"，说明情况时常发生变化，有时候这样，有时候那样。如：

The word 时 means 时而(sometimes), the expression"时……时……" means the situation is often changeable. Sometime it is like this, and sometimes it is like that. For example:

(1) 夫妻俩的关系时好时坏。

(2) 汽车在公路上行驶，速度时快时慢。

注意："时……时……"后面通常用单音节形容词，一般不用双音节词。如：

Note: The expression 时……时…… is usually followed by single-syllable adjectives instead of double-syllable ones. For example:

最近天气时冷时热。

＊最近天气时寒冷时炎热。

(二) 与其……不如……　rather... than...

表示在经过比较利害得失以后，不做前一件事，而做后一件事。"与其"用在放弃的一件事之前。如：

It means that after a comparision, one decides to do the later instead of the former. The conjunction 与其 is used before something that will be given up. For example:

(1) 与其在家里闷着，不如到外边逛逛。

(2) 与其跟他那样的人交朋友，还不如没有朋友。

(三) 在……看来　in one's view

意思是某人从自己的角度考虑，他的看法是什么；或对某人来说怎么样。如：

It means that from the aspect of oneself, what his opinion is; or how does someone think of it. For example:

(1) 在妈妈看来，不论孩子多大，都是孩子。

(2) 在小明看来，女朋友不对他说实话，就肯定做了对不起他的事情。

（四）对于 as for，as to

[介] 表示人、事物、行为之间的对待关系或涉及关系。多跟名词或名词性的结构组合，也可以跟小句组合。可分为以下两种用法：

[prep.] It means to be about someone, something or behaviors. Usually it is used together with a noun or a noun structure, or with a short sentence. It can be divided into the following types:

1. 用在主语之前，并有停顿。如：

It is used before a subject with a pause. For example:

（1）对于努力的学生、成绩好的学生或有进步的学生，老师要常常表扬。

（2）对于怎么去最方便，大家有不同的看法。

2. 用在句中，表示对待。如：

It is used in the middle of a sentence, meaning "to". For example:

（1）绿茶对于身体很有好处。

（2）饿肚子、吃药对于减肥没有太大的帮助。

比较："对"和"对于" Comparison between 对 and 对于

"对于"的上述两种用法，也可以用"对"，但第一种用法用"对于"更多，第二种用法用"对"更多。二者的其他区别包括以下几点：

The two above-mentioned usages of the phrase 对于 can be replaced by the word 对. However, in the first usage, the phrase 对于 is more often used than the word 对, while in the second one, the word 对 is much more used. There are some other differences of these two phrases in the following.

1. 有些表示主观态度或感受的句子，能用"对"，却不能用"对于"。如：

In some sentences expressing subjective attitude or impression, only 对 is used and it cannot be replaced by 对于. For example:

（1）老师对我这次考试的成绩很满意。

　　*老师对于我这次考试的成绩很满意。

（2）很多国家的人对外国人都很热情。

　　*很多国家的人对于外国人都很热情。

2. "对"可以用在助动词或副词的后边,而"对于"不可以。如:

对 can be used after an auxiliary verb or an adverb, while 对于 can not. For example:

我们会对你的意见好好考虑的。

＊我们会对于你的意见好好考虑的。

3. 在指示动作的对象,表示"朝、向"的意思时,只能用"对"。如:

In referring to the receiver of an act meaning "toward", only 对 can be used. For example:

老师对我笑了笑,我就不紧张了。

＊老师对于我笑了笑,我就不紧张了。

比较:"对于"和"关于" Comparison between 对于 and 关于

1. 表示关联、涉及的事物,用"关于";指出对象,用"对于"。如:

To express "associating and concerning", the phrase 关于 is used; To introduce an object, 对于 is used. For example:

(1) 关于派老师出国教学的事情,我们要认真讨论。

(2) 对于出国教学,他的态度很积极。

两种意思都有的,用"对于"或"关于"都可以。如:

If it has both meanings, both 对于 and 关于 can be used. For example:

关于(对于)派老师出国教学的建议,大家都很赞成。

2. "关于"作状语,只用在主语前,"对于"则用在主语前或主语后都可以。如:

When the phrase 关于 is used as an adverbial, it can only be used before a subject, however, 对于 can be used after the subject as well as before it. For example:

(1) 关于他们的事,我知道得很少。

＊我关于他们的事,知道得很少。

(2) 对于太极拳,很多外国人很感兴趣。

很多外国人对于太极拳很感兴趣。

(五) 值得 worth，deserve

[动]"值得"的意思是价钱划算；有价值、有意义、有好处。"值得"有以下几种用法：

[v.] The phrase 值得 means that a price is to one's profit. It also means valuable, significant and beneficial. It has several types such as:

1. 可以单独作谓语，此时主语常是动词短语或小句。如：

It can be a predicate independently when the subject is usually a verb phrase or a clause. For example：

（1）出去一趟很值得，了解了很多不同地区、不同民族的风俗。

（2）你这样做真是太不值得了。

2. 可以带动词或小句宾语。如：

The phrase 值得 can also be followed by a verb or a clause. For example：

（1）这件衣服很适合你，价钱又不贵，值得买。

（2）成绩好的同学值得大家好好儿学习。

3. 可以受程度副词"很"、"太"等修饰。如：

The phrase 值得 can be modified by a degree adverb, such as 很 and 太 and so on. For example：

（1）这部电影很值得再看一遍。

（2）把钱花在这种地方太不值得了。

(六) 以便 so that

[连]用于后一小句开头，表示前一小句所做的事情是为了达到后一小句所说的目的。如：

[conj.] It is used at the beginning of the second clause, meaning what is done in the former clause is to achieve the aim in the later one. For example:

（1）同学们课下做好练习，以便上课时老师提问。

（2）出门旅行要带好证件，以便办理手续。

（七）任何 any

[形]意思是"不论什么"。不能作谓语，修饰名词时一般不带"的"，后常有"都"、"也"呼应。如：

[adj.] It means whatever. It cannot be a predicate. When it modifies a noun, it is usually not followed by the word 的, but often used together with 都 and 也. For example：

（1）这个地方，任何人都不能随便进出。

（2）任何国家都有自己的文化。

（八）不论……都…… no matter...

表示在任何条件下，情况或结果都不改变。有以下几种用法：

It means that under any circumstances, the result won't change. It is divided into several types as the following:

1. 不论+表任指的疑问词　no matter+wh-word

（1）不论花多少时间，他都要做好这件事情。

（2）他不论去哪儿，都带着他的电子词典。

2. 不论……还是……　no matter it is... or...

（1）不论刮风还是下雨，他都坚持锻炼身体。

（2）不论城市还是农村，自行车都是中国人用得最多的交通工具。

3. 不论+V/A 不 V/A　whether or not

（1）别人送你礼物，不论你喜欢不喜欢，你都要说："谢谢！"

（2）不论好吃不好吃，你都要吃一点儿，不然，主人会不高兴的。

五、练习

（一）朗读短语

| 时冷时热 | 时阴时晴 | 时快时慢 | 管得太多 | 管学生 |
| 平淡的生活 | 平淡的内容 | 平淡地说 | 语气平淡 | 平平淡淡 |

很伤心	伤心地哭了	营养丰富	很有营养	乱花钱
随时联系	随时出发	找理由	理由很多	一个理由
一喝就醉	醉得很厉害	吐出来	吐了一地	吐到地上
任何人	任何地方	任何活动	照进来	照在身上

(二) 选词填空

> 伤心　事业　随时　晾　脾气　雪上加霜　顾　掏　管　修改

1. 这种衣服洗了以后不能在太阳下晒，只能_____干。
2. 他从口袋里_____出一个硬币，准备上公共汽车。
3. 别看他平时_____好，生起气来也厉害得很。
4. 他不_____家人的反对，和一个外国人结了婚。
5. 对一个女人来说，_____和家庭，哪个更重要？
6. 你有什么困难，可以_____来找我。
7. 丈夫的话让她非常_____。
8. 离婚以后，再也没人_____他几点起床、几点睡觉。
9. 合同已经_____过了，原来的那份就没有用了。
10. 小张夫妻俩借了银行很多钱买房子，生活一下子紧张起来。没想到，小张的爸爸又得了重病，需要很多钱做手术，这对小张夫妻来说真是_____。

(三) 从括号中选择合适的词语填空

1. 他跟女朋友分手的主要_____是两个人脾气都不太好。（理由　原因）
2. 你不想做就算了，不要找_____。（理由　原因）
3. _____中药，很多外国人都很感兴趣。（对　对于）
4. 经理_____新来的年轻人非常满意。（对　对于）
5. _____自己的问题，不要怕别人批评。（关于　对于）

6. 我最近看了一些＿＿＿＿＿中国农村生活的资料。（关于　对于）

7. 今天阳光很好，我的＿＿＿＿＿也很好。（心思　心情）

8. 那个孩子聪明得很，但就是不把＿＿＿＿＿放在学习上。（心思　心情）

（四）根据课文回答问题

1. 谁先提出离婚的，为什么？

2. 女人对离婚是什么态度？

3. 他们去办离婚手续时发生了什么事？

4. 那封信上写着什么？

5. 男人看了那封信以后，有什么反应？

6. 男人和女人最后离婚了吗？

7. 读了这篇课文，你有什么感想？

（五）使用画线词语模仿造句

1. 天气这么好，<u>与其</u>在家看电视，<u>不如</u>去公园玩儿玩儿。

2. 今天工作很多，午饭<u>凑合</u>着吃点儿就行。

3. <u>对于</u>这个问题，大家的意见是一样的。

4. 好像家庭也不再<u>值得</u>他考虑。

5. 他一直没有告诉你，是<u>怕</u>你担心。

6. <u>不论</u>多晚，我<u>都</u>给你拿一杯水和一块毛巾。

7. <u>不论</u>有什么困难，我们<u>都</u>要坚持做完我们的工作。

（六）用所给词语完成句子

1. 最近天气变化很大，＿＿＿＿＿＿＿＿＿＿＿＿＿＿＿，很容易感冒。
（时……时……）
2. 小丽一直对自己的工作不满意，＿＿＿＿＿＿＿＿＿＿＿。（辞职）
3. 他没做作业，＿＿＿＿＿＿＿＿＿＿＿＿＿＿＿＿＿＿。（理由）
4. 虽然现在不太顺利，＿＿＿＿＿＿＿＿＿＿＿＿＿＿＿。（任何）
5. 宿舍楼里开了一个网吧，＿＿＿＿＿＿＿＿＿＿＿＿＿。（以便）
6. ＿＿＿＿＿＿＿＿＿＿＿＿＿，这件事儿根本不是小刘做的。（实话）
7. ＿＿＿＿＿＿＿＿，他成绩不好的主要原因是不努力。（在……看来）
8. ＿＿＿＿＿＿＿＿＿＿＿＿＿＿＿＿＿，别人听到会生气的。（乱）

（七）改错句

1. 朋友生日的时候，你如果请他吃饭，就给他买件礼物。
2. 不论刮风或者下雨，我们都去上课。
3. 中国人对于外国人很热情。
4. 他不顾得自己还在生病，跟同学们一起参加了拔河比赛。
5. 我说实话，真的很喜欢她。
6. 昨天晚上我喝酒喝得醉了，什么事都不记住了。
7. 我们很值得去杭州的西湖，那儿的风景很漂亮。
8. 他把一张纸折了一个小飞机给孩子玩儿。

（八）选择正确的说法

1. A. 他们随时都有可能离婚。
   B. 他们随时都有离婚可能。
   C. 他们都有可能离婚随时。
   D. 他们都有随时的可能离婚。　　　　　　　　　　（　　）

2. A. 你只忙顾你自己的事业。
   B. 你只顾你自己的事业忙。

C. 你忙顾你自己的事业只。

D. 你只顾忙你自己的事业。（   ）

3. A. 奇怪的男人抽出里面的信。

B. 男人抽出里面奇怪的信。

C. 男人奇怪地抽出里面的信。

D. 男人抽出里面的信奇怪地。（   ）

4. A. 幸福的生活大部分都是很平淡的。

B. 幸福的生活都是大部分很平淡的。

C. 幸福的生活都大部分是很平淡的。

D. 大部分幸福的生活是都很平淡的。（   ）

5. A. 拉开窗帘，让阳光照进房间里来。

B. 拉开窗帘，让阳光照房间里进来。

C. 拉开窗帘，让阳光房间里照进来。

D. 拉开窗帘，让阳光照进来房间里。（   ）

6. A. 我姐姐三岁的儿子宝宝是个小车迷。

B. 我姐姐的三岁儿子宝宝是个小车迷。

C. 我的姐姐三岁儿子宝宝是个小车迷。

D. 我的姐姐儿子三岁宝宝是个小车迷。（   ）

（九）综合填空

一_____情书

亲_____的小丽：

你好！

你现在在做什么？你心_____好吗？自从昨天晚上_____你送回家以后，我一_____在想着你。晚上想你想得睡不_____。我想_____你的笑，你的声音，你的_____子。_____我来说，你的一_____都那么美，那么_____人心动。我每天_____想和你在一起，你能答应我吗？你同意和我做朋友吗？

这个星期五晚上，我想_____去找你，我们一起吃饭、看电影，好吗？如果可以，你就给我打个电话吧，我会_____心地等你的电话的。

祝你天天开_____！

想你的小伟

×月×日

（十）阅读理解

春节过后第十五天就是元宵 (yuánxiāo rice glue ball) 节了。元宵节是中国的传统节日，全国各地都过，虽然风俗有所不同，但也有共同的特点。

吃元宵是元宵节第一重要的事情。元宵又叫"汤圆"，用白糖、玫瑰 (méigui rose)、芝麻 (zhīma sesame)、豆沙等作馅儿 (xiànr stuffing)，用糯米 (nuòmǐ sticky rice) 粉包在外面，做成圆形，可以煮 (zhǔ boil) 着吃，有团圆的意思。

元宵节还有看灯的风俗。一过春节，人们就开始准备各种各样的花灯，在元宵节那一天举行盛大的灯会。以前元宵灯节的花灯不是现在的电灯，而是用彩纸等做成的，里边点上蜡烛 (làzhú candle)。现在的花灯常常是用电的，又亮又安全。花灯的样子很多，有花，有动物，还有建筑物等。每年元宵节，成千上万的人都看花灯，整个城市灯火辉煌。

元宵节也是一个浪漫的节日。传统社会的年轻女孩儿不能随便外出，而在元宵灯会时，则可以出门看灯。这样一来，就有了交朋友的机会，青年男女可以利用看花灯的机会选择满意的对象。因此，古时候，元宵灯节又是情人相会的好时机。

根据文章判断正误：

1. 元宵节有十五天的时间。　　　　　　　　　　（　　）
2. 元宵节最重要的事情是吃元宵。　　　　　　　（　　）
3. 以前元宵节看的花灯和现在的灯不一样。　　　（　　）
4. 元宵节的花灯一共有三种。　　　　　　　　　（　　）
5. 元宵节是一个有关爱情的节日。　　　　　　　（　　）
6. 青年男女在元宵节的时候约会。　　　　　　　（　　）

文化小贴士 Proverbs

衣不如新，人不如故。

Yī bù rú xīn, rén bù rú gù.

A new garment is better than an old one, while an old friend is better than a new one.

本课听说生词

难受	厉害	浪漫	真实	共同	茶馆儿	汽油	失恋
舞会	打扮	列	藏	规定	顶	婚姻	状况
政策	率	升	嫁	品质	相貌	个人	能力
实现							

第五十二课　尴尬的一代人

语法项目：

1. 结果补语（7）：掉

   他们卖掉了在苏州买的房子。

2. A是A，但……：

   方便是方便了，但很多钱不知不觉就花掉了。

3. 可能补语（6）：V+得起/不起：

   贷款是还得起，然而……

重点词语：

1. 属于：有一套属于自己的房子。

2. 毕竟：

   但是，毕竟是在大城市发展，有更好的前途。

3. 番：到上海以后，宋静的收入翻了几番。

4. 近：

   夫妻俩在上海买了一套近一百平方米的房子。

5. 然而：然而，宋静渐渐发现……

6. 以及：

   有医疗费、生活费，以及其他各种想不到的费用。

功能项目：

生活状态

一、课文

宋静1999年大学毕业。刚毕业那两年，宋静在苏州一家外国公司工作，一个月的工资近三千，还不算少。因此，宋静就自己贷款买了一套84平方米的房子，每月付1400块钱的房贷。因为那时的宋静工作非常忙，业余时间交际活动很少，所以每个月除了还贷，剩下的钱也够平时用了。最重要的是，有一套属于自己的房子，忙了一天回到家里，可以好好地放松放松，身心得到极大的满足。

2003年，宋静离开了原来的公司，跳槽到上海一家很有名的大公司。离开一个温暖的家，又要在一个陌生的地方重新开始，可能多数人没有这样的勇气。但是，毕竟是在大城市发展，有更好的前途，所以，至今在宋静看来，这次换工作都是自己生活中很关键的转折。

到上海以后，宋静的收入翻了几番，找到了自己的爱人，世界也一下子变得精彩了。下班后约上一群朋友吃饭、泡吧、聚会，很开心。夫妻俩每月两三万的收入，消费起来不用多考虑，名牌衣服一买就是好几件。手上有银行卡，方便是方便了，但很多钱不知不觉就花掉了。

"金窝，银窝，不如自家的草窝。"在一个城市生活，租房子住总是让人不太安心。有了属于自己的房子，才算有了稳定的生活。因此，虽然上海的房价一直在涨，但夫妻俩还是在上海买了一套近一百平方米的房子，连装修，一共花了差不多一百二十万。为了买这套房子，他们卖掉了在苏州买的房子，每个月还要还银行六千多块钱的房贷。贷款是还得起，然而，宋静渐渐发现，她要负担的，远不止这一个月几千元的房贷，还有医疗费、生活费，以及其他各种想不到的费用。2004年初，宋静的父亲得了癌症，一年就花掉了二十多万，这对宋静夫妻俩来说真是雪上加霜，经济一下子紧张起来。为了省钱，宋静不再买名牌衣服，只坐地铁不打的，推掉各种聚会。买车的计划要暂时放下，要孩子的计划也只好推迟了，先努力赚钱吧！

"相信吗？工作了这么多年，我和我丈夫两个人现在的存款是零。每月还了房贷，付了银行卡，就什么都不剩了。我们这代人看起来活得很轻松，其实很尴尬。"

（据《南方人物周刊》（2006.6）徐琳玲文章改写）

二、生词

1. 贷	v.	dài	borrow, lend (money); loan	丁
2. 交际	v.	jiāojì	intercommunicate	乙
3. 属于	v.	shǔyú	belong to, be owned by	乙
4. 极	adv.	jí	extremely, to the greatest extent	乙
5. 跳槽	v.o	tiào cáo	job-hopping	
6. 重新	adv.	chóngxīn	over again	乙
7. 多数	n.	duōshù	majority, most	乙
8. 勇气	n.	yǒngqì	courage, nerve, valor	乙
9. 毕竟	adv.	bìjìng	after all, all in all	丙
10. 前途	n.	qiántú	future; prospects	乙
11. 关键	n./adj.	guānjiàn	the most crucial	乙
12. 转折	n.	zhuǎnzhé	turn in the course of events	
13. 翻	v.	fān	turn over, turn up; cross	甲
14. 番	m.	fān	times	丙
15. 群	m.(n.)	qún	group, swarm, flock, etc.	乙
16. 聚会	v.	jùhuì	(of people) get together, social gathering	丁
17. 消费	v.	xiāofèi	consume, expend, use	乙
18. 不知不觉		bù zhī bù jué	unconsciously, unwittingly	丁
19. 金	n.	jīn	gold; metals; money	乙
20. 银	n.	yín	argentum (Ag), silver	乙
21. 窝	n./m.(n.)	wō	nest, lair, den; a litter or brood of	丁

第五十二课　尴尬的一代人

22.	安心	v.o./adj.	ān xīn	disburden, ease; set one's heart at rest	乙
23.	稳定	adj.	wěndìng	stable	乙
24.	装修	v.	zhuāngxiū	fit up (a house, etc.)	
25.	然而	conj.	rán'ér	yet, but, however, while	乙
26.	负担	v./n.	fùdān	bear, shoulder (a responsibility)	丙
27.	不止	v.	bùzhǐ	more than	丙
28.	医疗	v.	yīliáo	medical treatment	丙
29.	以及	conj.	yǐjí	as well as, along with, and	乙
30.	初	n.	chū	at the beginning of, in the early part of	乙
31.	暂时	adj.	zànshí	temporary	乙
32.	赚	v.	zhuàn	gain, make a profit	丙
33.	尴尬	adj.	gāngà	awkward, embarrassed	

▶ 专名　Proper Nouns

1. 宋静　　　Sòng Jìng　　　name of a person
2. 苏州　　　Sūzhōu　　　　a city in Jiangsu province

本课新字

三、注释

金窝银窝，不如自家的草窝。 **East or west, home is the best.**

意思是别的地方再好，感觉也不如自己的家好，虽然客观上自己的家可能不太好。

No matter how good a place is, it is not better than one's home, though objectively one's own home is not so good.

四、语法

（一）结果补语"掉"：V+掉　Result complement 掉：V +掉

结果补语"掉"可以用在动词或形容词的后面，表示去除。用在动词后，意思是这个动作的结果使某物没有了；用在形容词后，意思是因为某个情况使某物消失或没有用了。如：

The result complement 掉 can be used after a verb or an adjective, meaning to wipe off. When it is used after a verb, it means the result of the verb act makes something disappear; when after an adjective, it means that something disappears or becomes useless because of some conditions. For example:

（1）跟男朋友分手后，她把以前两个人所有的信和照片都烧掉了。

（2）剩菜没人吃了，都倒掉吧。

（3）酸奶放了三天了，已经坏掉了。

（4）饼干已经软掉了，不好吃了。

另外，"掉"用在不及物动词后，还表示"离开"的意思。如：

Besides, if it is used after an intransitive verb, it means "to leave, to have gone". For example:

（1）你来晚了，他已经走掉了。

（2）在那次交通事故中，很多人都死掉了。

（二）A 是 A，但……

用于转折句中，前一小句中 A 可以是动词、形容词，有"虽然"的意思。如：

This structure is used in a turning sentence, in which A in the former clause is a verb or an adjective, meaning "although". For example:

（1）这个语法学是学了，但我没弄懂。

（2）妈妈高兴是高兴，但对我还是有点儿不放心。

（三）可能补语（6）：V + 得起/不起

Possiblity complement (6)：V + 得起/不起

动词后面加"起"构成的可能补语，有做某事需要用的钱够不够的意思。如：

The complement of possibility formed by adding 起 to a verb, means whether there is enough money to do something. For example:

（1）一顿饭要一千块钱，我可吃不起。

（2）名牌衣服我也穿得起，但是我并不感兴趣。

（3）汽车我买得起，但用不起。

五、重点词语

（一）属于 belong to

[动] 多用于书面语。意思是归某一方面或为谁所有。如：

[v.] It is mainly used in written Chinese, means that something attributes to certain aspect, or something belongs to somebody. For example:

（1）胜利是属于我们的。

（2）这辆自行车属于你了！

（3）教室里的桌子、椅子属于学校的财产。

（二）毕竟　after all

　　［副］语气副词。表示充分肯定重要的或正确的事实，暗含否定别人的不重要的或错误的看法。后一小句表示追根究底所得的结论。如：

　　[adv.] It is an adverb of mood, referring to the fact that is confirmatively important or right. It implies to disavow other's unimportant opinions or wrong views. The second clause means the result after a thorough discussion. For example:

（1）他毕竟还是个孩子，哪儿知道那么多事情。

（2）我毕竟只是在中国的大城市生活，并不了解中国农村的情况。

（三）番　times

　　［量］"倍"的意思，只跟动词"翻"一起用。"翻几番"就是乘以几个2的意思。如：

　　[m.(v.)] It means "times". It is only used together with the verb 翻. The expression 翻几番 means "to times several 2". For example,

（1）他以前每个月一千块钱，现在他的收入翻了三番。（1000×2×2×2= 8000）

（2）现在的房价比十年前翻了两番。

（3）最近五年，我们学校留学生的人数翻了两番。

（四）近　near

　　［动］"接近"的意思，后面常跟一个客观上或主观上比较大的数量。如：

　　[v.] It means "near, approach". It is usually followed by a subjective or objective large number. For example:

（1）春节期间，近百万人离开这座城市回到家乡过年。

（2）我在中国生活了近二十年。

　　＊他的妹妹近十岁。

（五）然而　yet, however

[连] 意思同"但是"，多用于书面。如：

[conj.] meaning "but", usually used in written Chinese. For example:

（1）我们虽然已经学了一年汉语了，然而要听懂汉语新闻还有很大困难。

（2）虽然经历了一些失败，然而我们还是要继续做下去。

（六）以及　and

[连] 有"和"的意思，连接并列的词、小句等，多用于书面。如：

[conj.] It means "and", connecting paratactic words or clauses, mainly in written Chinese. For example:

（1）参加这次教学会议的有来自全国各地的著名专家、学者以及普通教师等。

（2）这种商品的售后服务包括送货、安装以及清洗、维修等。

注意：一般而言，"以及"所连接的并列词语，在语义上有轻重之分；一般是重要的在前面，次要的在后面，顺序不能随便改变。比如第一个例句中的"著名专家、学者以及普通教师"一般不说成"普通教师、学者以及著名专家"。

Note: Generally, those connected by the phrase 以及, their meanings are different. Normally the most important one ranks the first, then the less important one. The order cannot be changed voluntarily. For example, the phrases 著名专家、学者以及普通教师 in the first sentence cannot be changed into 普通教师、学者以及著名专家.

六、练习

（一）朗读短语

| 陌生人 | 陌生的环境 | 很陌生 | 有勇气 | 鼓起勇气 |
| 很大的勇气 | 美好的前途 | 工作前途 | 一次转折 | 很大的转折 |

同学聚会	一个聚会	组织聚会	家庭负担	负担很重
负担医药费	不止十个	一年不止	旅行费用	所有费用
关键时刻	问题的关键	2007年初	开学初	扔掉
丢掉	吃掉	忘掉	近两千人	近十年
买得起	用不起	吃得起	赚了很多钱	赚不到钱

(二) 选词填空

> 尴尬　贷　跳槽　至今　关键　翻　不知不觉　近

1. 做这个生意以前，他向银行_____了三十万块钱。

2. 电话响了，但他只是_____了个身，又睡着了。

3. 他不知道自己把衣服穿反了，被同事指出来时，他_____得不行。

4. 这些家具已经用了_____二十年了，该换换了。

5. 很多年轻人认为经常_____可以获得各种工作经验。

6. 时间过得真快，_____就要毕业了。

7. 去中国留学，_____都是我最难忘的经历。

8. 搞清楚情况是解决问题的_____。

(三) 根据课文回答问题

1. 宋静工作多长时间了？

2. 宋静在苏州时的工作忙吗？常出去跟朋友玩儿吗？

3. 宋静在苏州买的房子多大？贷款了吗？

4. 跟在苏州的生活比，宋静到上海后生活有什么变化？

5. 宋静什么时候在上海买的房子？花了多少钱？

6. 现在宋静每个月要负担哪些费用？

7. 现在宋静的生活怎么样？

8. 宋静这一代人有什么特点？

(四) 用所给词语改写句子

1. 我请你吃饭的钱还是够的。（V+得起）
   _____

2. 这张照片拍得不好，你再给我照一张漂亮的吧。（重新）
   _____

3. 现在是有些困难，但很快就会好的。（暂时）
   _____

4. 打折的东西虽然很便宜，但有时候质量没有保证。（……是……，但……）
   _____

5. 朋友们问了我很多问题，比如中国的气候怎么样、我习惯不习惯中国的生活，还有，中国有什么样的风俗习惯等。（以及）
   _____

6. 他们原来计划10月1号举行婚礼，后来改到元旦了。（推迟）
   _____

7. 临回国前，我把我用过的冰箱、洗衣机什么的都卖给新来的留学生了。（V+掉）
   _____

(五) 用所给词语完成句子

1. _____，没什么经验，很多方面还考虑不到。（毕竟）
2. _____，怪不得他学习那么好。（泡）
3. 现在中国农民的生活越来越好了，_____。（番）
4. 她家非常有钱，她的漂亮衣服多得穿不完，_____。（然而）
5. _____，因为我已经把它买下来了。（属于）
6. 你怎么又忘了？_____？（不止）
7. 我和她一边散步一边聊天，_____。（不知不觉）

8. 放假前最后一次上课的时候，老师给我们讲了期末考试、假期作业，_____。（以及）

（六）改错句

1. 他把包放掉地上。
2. 我送得不起这么贵的礼物。
3. 我们学校的留学生都近二十岁。
4. 虽然考试结束了，他然而还是不轻松。
5. 这套房子的租金便宜是便宜，而且离学校也不太远。
6. 因为工作忙，他推了同学聚会。
7. 因为天气不好，运动会推迟举行一周。
8. 小孩子每天都活很开心。

（七）选择填空

1. 没结婚以前，宋静总是喜欢下班后约_____一群朋友去吃饭、泡吧。
   A. 了　　　B. 着　　　C. 上　　　D. 到

2. _____爸爸妈妈看来，我的前途比他们的一切都重要。
   A. 对　　　B. 从　　　C. 在　　　D. 以

3. 他虽然这次考试的成绩不太好，但他_____平时水平很高。
   A. 其实　　B. 确实　　C. 实在　　D. 实话

4. 他经常_____地为大家做好事。
   A. 慢慢　　B. 渐渐　　C. 默默　　D. 轻轻

5. _____去医院看病排队等半天，_____自己在家吃点儿药呢。
   A. 如果……就……　　　　B. 与其……不如……
   C. 尽管……不如……　　　D. 不是……就是……

（八）综合填空

元旦刚过，我就和男朋友分了手。没过多_____，情人节到了。这一天，_____个人看起来都很幸福，大街上可以看到很多手里拿_____玫瑰（méigui rose）或者巧克力（qiǎokèlì chocolate）的人。一对一_____的男女边说边笑地走着，让人很羡慕。下了班，我一个人坐公共汽车回家。我坐_____座位上，又想起以前的男朋友，我们认识不到半年就分手了，还没有一起过_____情人节，今天不知道他会做什么，他的心情是不是_____我一样不好。这时，车上人多了起来，已经没有空座位_____。到了下一站后，_____来一个小伙子，抱着一_____红玫瑰。他_____花被挤坏了，所以就高高地举过头顶。过了好几站，车上更_____了，小伙子被挤得差点儿摔倒，但还是高高地举着红玫瑰，并不停_____大声喊："不要挤，不要挤。"这时，这个小伙子已经被挤到我的身边，看着他的样子，我_____不住说："我来帮你拿花吧。"小伙子愣了一下，说："好，谢谢！"我_____心地把玫瑰花抱在怀里。过了一会儿，小伙子要下车了，他接过花，_____我笑了笑，并从里面_____出一支红玫瑰，递给我，说："谢谢你，这个送给你，祝你情人节快乐！"我一下子惊讶_____说不出话来。

这是我收到的第_____支情人节玫瑰。

（九）阅读理解

高考对每一个中国学生来说，都非常重要。能不能考上大学，以及考上一所什么样的大学可以说是一个人一生中很关键的转折。

以前，高考还被称作"千军万马挤独木桥"，举行高考的月份被叫做"黑色七月"。从这些说法可以看出，当时能通过高考这座"桥"的人并不是很多。事实也是这样，1998年，普通高校只招收（zhāoshōu recruit）了108.4万名大学生，包括本科生和专科生。再加上其他形式的高等教育，比如自学考试，招生总数也不过210多万人，高等教育的入学率只有9.8%。

1999年，出现了一个与上大学有关的新词——"扩招"。国家根据经济发展的需要以及人们的愿望，决定扩大大学招生规模（guīmó dimension）。大学招生人数2001年达到480万人，2004年为701万人。2002年，中国高等教育入学率终于达到了15%的国际标准。

到2005年,中国高等教育总规模已超过2000万人,是世界第一,入学率超过19%,人们接受高等教育的机会在短短6年内翻了一番。虽然不是所有的中学毕业生都能上大学,但毕竟有很多人获得了上大学的机会。

如今,改在6月举行的高考仍然是社会热点。不同的是,人们对高考的关注点已不再只是"上大学"本身,人们越来越关心高等教育质量的提高。也就是说,越来越多的人的愿望从"上大学"变成了"上好大学"。

2005年以后,中国高等教育不但重视发展规模,更重视提高质量,并且为这个目标而努力。

(来源于新华网 吕诺 2005.9.25)

1. 根据文章判断正误:

(1)在每一个中国人看来,高考都是自己一生中重要的转折。 (　)

(2)1995年时,在中国考大学还非常难。 (　)

(3)1998年,有200多万人考上了大学。 (　)

(4)从1999年开始,中国人考大学比以前容易了一些。 (　)

(5)现在能上大学的机会多了,所以人们就不再关心高考了。 (　)

(6)国家只关心高等教育的规模,而不关心质量。 (　)

2. 根据文章回答问题:

(1)以前举行高考的月份为什么叫"黑色七月"?

(2)"扩招"的意思是什么?

(3)中国的高等教育入学率什么时候达到了国际标准?

(4)现在更多学生对高考的愿望是什么?

(十)写作

以下两题任选其一,从给出的15个词中选择8~10个写一篇与所学课文内容有关的作文,字数在200字左右。

Select one of the following items. With about 200 words, write an article related to the texts you've learnt by choosing 8 to 10 words from the 15 given words.

1. 爱情　时……时……　平淡　感情　最终　分手　伤心　顾　管　脾气　不论……都……　以便　凑合　替　考虑

2. 毕业　工作　跳槽　收入　番　毕竟　在……看来　然而　负担　剩　不止　费用　以及　V+得起　V+掉

文化小贴士 Proverbs

长江后浪推前浪，一代更比一代强。

Cháng Jiāng hòu làng tuī qián làng, yí dài gèng bǐ yí dài qiáng

In the Yangzi River, the wave behind drives on those before, so each new generation excels the last one.

本课听说生词

失败　道理　吃苦　闭　者　教学　专家　代表
搭　架子　年代　个性　顺心　忍　合作　财产
矛盾　热烈　世纪　自然　节约　观念　比较　谦虚
优点　幽默

第五十三课　李小龙

语法项目：

1. 于：李小龙1940年生于美国旧金山市。

2. 将：

　他不仅将学到的武术练习得十分熟练，而且还自己创造了新的武术动作。

3. 进行：他们经常在校园里进行训练和表演。

4. 仅：

　年仅24岁的李小龙在全美空手道大赛中夺得冠军。

5. 应邀：后来又应邀参加各种武术比赛和表演。

6. 靠：

　李小龙在大街上靠自己的功夫打跑了四个拿着刀子的坏人。

7. 使：这使他迅速成为香港的知名影星。

8. 凭：仅凭这四部功夫电影，李小龙就……

9. 之一：

　李小龙成为功夫电影历史上最重要的人物之一。

功能项目：

电影人物

第五十三课　李小龙

一、课文

如果你问一个中国人，谁的功夫最厉害？他一定回答：李小龙；如果你问一个外国人：哪个中国电影演员给你的印象最深？他也一定会回答：李小龙。

李小龙1940年生于美国旧金山市，他的童年和少年是在香港度过的。李小龙小时候身体非常瘦弱。他父亲为了让他的身体强壮起来，就教他练习太极拳。14岁时，父亲给李小龙请了专门的老师教他各种武术，比如跆拳道、空手道、拳击等。

很多人都认为李小龙是武术天才，他不仅将学到的武术练习得十分熟练，而且还自己创造了新的武术动作。

李小龙18岁时，被送往美国读书。在大学时，他除了学习外，把精力都放在研究和练习武术上了。他还在学校里组织了一支"中国功夫队"，经常在校园里进行训练和表演，得到了师生们很高的评价。1964年，年仅24岁的李小龙在全美空手道大赛中夺得冠军，后来又应邀参加各种武术比赛和表演。他最拿手的功夫，比如"李三脚"，很多人都知道。李小龙还开了一家武术馆，边练边教，宣传中国武术。很多有名的美国武术明星都是他的好朋友，一些好莱坞的影星也向他学习武术。当时的世界拳王阿里也曾和他交流经验。

有一次，李小龙在大街上靠自己的功夫打跑了四个拿着刀子的坏人，救了一名少女。这个消息报道出来后，李小龙的名字就传遍了美国，很多电视台采访他，中国功夫引起了人们的重视。

从1970年到1973年，李小龙在香港先后主演了四部功夫电影，每部都是当年最受欢迎的电影，也是票房最高的电影。这使他不仅迅速成为香港的知名影星，而且还红遍了全世界。他的最后一部电影只拍了大约20分钟，就突然因病去世。但是仅凭这四部功夫电影，李小龙就已经成为功夫电影历史上最重要的人物之一。

李小龙将功夫电影推向全世界，在国际上获得了巨大的成功，也正是李小龙的电影将中国武术推向了世界。许多外文词典里都出现了一个新词："Kung fu（功夫）"。虽然李小龙在事业最成功的时期突然去世，留下了极大的遗憾，但是，直到今天，他对世界电影文化还是有着比较大的影响。

第五十三课 李小龙

二、生词

1. 功夫	n.	gōngfu	Kung fu, skill of Chinese boxing	乙
2. 生	v./b.f.	shēng	give birth to, bear; be born	乙
3. 于	prep.	yú	in, at, to, from	乙
4. 童年	n.	tóngnián	childhood	丁
5. 少年	n.	shàonián	early youth (10-16)	乙
6. 弱	adj.	ruò	weak	乙
7. 强壮	adj.	qiángzhuàng	strong, sturdy, powerful	
8. 专门	adj.	zhuānmén	specially; specialized	乙
9. 跆拳道		táiquándào	kickboxing; tae kwon do	
10. 空手道		kōngshǒudào	karate	
11. 拳击		quánjī	boxing, pugilism, punch	
12. 天才	n.	tiāncái	genius, talent, gift	丙
13. 将	prep.	jiāng	is the same as preposition 把	乙
14. 创造	v.	chuàngzào	create, produce, bring about	乙
15. 读书	v.o	dú shū	attend school; study	乙
16. 精力	n.	jīnglì	energy, vigour, vim, moxie	乙
17. 进行	v.	jìnxíng	carry on, conduct; be in progress	甲
18. 训练	v./n.	xùnliàn	drill, exercise, training	乙
19. 评价	v./n.	píngjià	appraise, evaluate; evaluation	丙
20. 仅	adv.	jǐn	only, merely, barely; nearly	乙
21. 夺	v./n.	duó	take by force, seize, wrest	乙

22. 应邀	v.	yìngyāo	accept sb.'s invitation		丙
23. 宣传	v.	xuānchuán	propagandize; publicize		乙
24. 大街	n.	dàjiē	avenue, main street, boulevard		乙
25. 靠	v.	kào	depend on, rely on		乙
26. 少女	n.	shàonǚ	maid, miss, young girl		丙
27. 传	v.	chuán	pass, spread		乙
28. 引起	v.	yǐnqǐ	arouse		乙
29. 先后	n./adv.	xiānhòu	being early or late, one after another, successively		乙
30. 当年	n.	dāngnián	that year		乙
31. 票房	n.	piàofáng	booking / box office		
32. 使	prep.	shǐ	have sb. do sth.; make, cause		乙
33. 凭	prep.	píng	rely on, base on		丙
34. 人物	n.	rénwù	character, personage		乙
35. 之一	n.	zhīyī	one of (sth.), one out of a multitude		乙
36. 时期	n.	shíqī	a period in time or history		乙

▶ 专名　Proper Nouns

1. 李小龙	Lǐ Xiǎolóng	Bruce Lee
2. 阿里	Ālǐ	Ali
3. 旧金山	Jiùjīnshān	San Francisco
4. 香港	Xiānggǎng	Hong Kong
5. 好莱坞	Hǎoláiwū	Hollywood, hollywood

本课新字

创 造 研 究 训 宣 救 使 迅 凭
夺

三、注释

李小龙的电影将中国武术推向了世界。

The movies of Bruce Lee introduced the Chinese martial arts to the world.

这句话的意思是：世界上的人通过李小龙的电影了解了中国武术。

This sentence means that people in the world learnt the Chinese martial arts by seeing the movies of Bruce Lee.

四、语法

（一）于   on, in, at, from

［介］用于书面。

[prep.] It is used in written Chinese.

1. 用在动词后，表示处所、来源或时间等，有"在"、"从"的意思。如：

Used after a verb, referring to places, sources or time, meaning "in, from". For example:

（1）爱因斯坦生于1879年。

（2）张老师1995年毕业于南京大学。

2. 用在动词前，表示时间，有"在"的意思。如：

Used before a verb, referring time, meaning "in, at". For example:

（1）他于1922年从海外学成回国。

（2）韩国于2005年将首都汉城的名字改为首尔。

（二）将

［介］用于书面。副词"将"表示情况不久就要发生或表示对未来情况的判断，有"快要"或"（以后）肯定、一定"的意思。"将"的这个意思四十一课已经学了。本课我们要学习的是介词"将"。本课中的"将"同介词"把"。如：

[prep.] It is used in written Chinese. As an adverb, 将 means that something will happen soon, or it refers to a judgement to the future situation, meaning something"soon" or "(later) definitely, certainly" will happen. We have learnt it at lesson 41, now we are talking about 将 as a preposition. The word 将 in the text is the same as preposition 把. For example:

（1）他将花剩下的钱全都交给了爸爸。

（2）那位女作家将她的生活经历写成了小说。

（三）进行 process

［动］从事持续性的活动。可带"了"、"着"，有以下两种用法：

[v.] do the durative activity. The words 了 or 着 can follow the verb, but not follow 过, and there are two usages as the following:

1. 没有宾语，主语是从事的活动。如：

Without object, the subject is the activity undertaken. For example:

（1）会议正在进行。

＊我们正在进行会议。

（2）事情进行得很顺利。

2. 带动词宾语，宾语是从事的活动。如：

With verbal object, and the object is the activity undertaken. For example:
我们对顾客提出的意见进行了认真的讨论。

注意：动词宾语不能是单音节的。如：

Note: The object cannot be a single-syllable word. For example:
进行调查　　＊进行查

用作宾语的动词不能再带宾语，如果语义上要求受事，可用"对"。如：

A verb used as an object without an object again. If a receiver is needed semantically, the word 对 is used. For example:

进行检查　　*进行检查作业　　对作业进行检查

（四）仅　only

[副] 强调范围小，数量少，有"只"的意思。多用于书面。有以下几种用法：

[adv.] To emphasis the small scope and quantity, meaning "only". It is often used in written Chinese. It is used in the following ways:

1. 用在动词前。如：

Used before a verb. For example:

（1）今年冬天仅下了一场小雪。

（2）很多人仅会说一门外语，而且还说得不流利。

2. 用在数量短语前。如：

Used before a quantity phrase. For example:

（1）他今天累得很，上床后仅两分钟就睡着了。

（2）商场打折的时候很多名牌衣服仅三折就能买下来。

3. 用在名词性词语前，有举例的作用，常跟"就"搭配使用。如：

Used before a noun to give an example, and it is often used with "就". For example:

（1）我们班这次HSK考试考得非常好，仅通过六级的就有六个同学。

（2）我弟弟上大学花钱很多，每个月仅手机费就一两百块钱。

（五）应邀　be invited

[动] 指接受邀请做某事，后带动词。多用于书面。如：

[v.] It means somebody is invited to do something, so it is followed by a verb, and is often used in written Chinese. For example:

（1）张教授应邀参加了那次国际会议。

（2）主席明年将应邀访问日本。

注意："应邀"意思同"应……的邀请"，后者更点明发出邀请的单位或个人。如：

Note: The phrase 应邀 has same meaning as the structure of 应……的邀请, but the inviter is highlighted in latter. For example:

（1）王经理应新郎新娘的邀请参加了他们的婚礼。

（2）李校长应上海大学的邀请去他们学校做报告。

和"应……的邀请"类似的表达方式，还有"应……的要求"、"应……的请求"。如：

The expression 应……的要求 and 应……的请求 are the similar structures of 应……的邀请. For example:

（1）应留学生的要求，学校网吧春节期间正常开放。

（2）那个歌星应歌迷们的请求，又多唱了一首歌。

（六）靠 on, against; depend on

1. [动] 身体倚靠在某物上。如：

[v.] One's body lies against something. For example:

（1）他靠在椅子上睡着了。

（2）别靠在门上和人说话。

2. [动] 依靠。指利用某种条件或别人的力量做某事。如：

[v.] Rely on. It means to do something under a certain condition or with the power of somebody. For example:

（1）学习只能靠自己的努力。

（2）在家靠父母，出门靠朋友。

（3）他是个外地人，在这儿没有亲人，没有朋友，谁也靠不上。

（七）使 let, make

[动] 放在兼语前用作兼语句的动词，同"叫"、"让"。多用于书面。如：

[v.] It is used before a double-function word as its verb. It is the same as 叫 and 让, and mainly used in written Chinese. For example:

（1）他的想法使人很惊奇。

（2）怎么做才能使顾客满意呢？

（3）这次离婚使她对婚姻失去了信心。

（八）凭 on，against; base on

［介］表示凭借、根据、依靠。后可加名词用在主语前，并可停顿。如：

[prep.] It means "by right of, according to, relying on". It can be followed by a noun used before a subject, and there can be pause. For example:

（1）只凭他说的话还不能完全相信他。

（2）凭这部电影，他成了今年最红的明星。

（3）凭着多年的经验，警察成功地抓住了小偷。

习惯用语"凭什么"用于质问。如：

The phrase 凭什么 (why, what the right do you have) is used in an interrogatory. For example:

（1）你凭什么不让我们进去？

（2）你凭什么管我？

注意："靠"多用作动词，意思侧重"依靠"；"凭"多用作介词，意思侧重"凭借"、"根据"。

Note: The word 靠 is mainly used as a verb, meaning "rely on"; the word "凭" is mainly used as a preposition, focusing on "by right of, according to". For example:

（九）之一 one of

"之"是古代汉语遗留下来的结构助词，类似现代汉语中的"的"。"之一"是"(其中)的一个"的意思。如：

The word 之 is a structure auxiliary left from ancient Chinese, similar to the word 的 in modern Chinese. The phrase "之一" means "one of them". For example:

(1) 我们学校有三位同学获得了一等奖，王明是其中之一。

(2) 这本书是学习语言学必须要看的书之一。

五、练 习

（一）朗读短语

中国功夫	功夫很好	我的童年	童年时期	一个天才
音乐天才	研究问题	很有研究	研究出来	进行讨论
正在进行	进行下去	传给他一个球	传来一阵笑声	传遍学校
先后出场	先后来到	电影的主演	主演一个电影	反应迅速
迅速提高	创造新产品	创造出	引起麻烦	引起注意

（二）选词填空

少年　度过　生　精力　训练　评价　宣传　救　红　当年

1. 他是那个电影公司最_____的演员。

2. 前面走过来一个长得很帅的_____。

3. 那个作家去了很多城市_____他的新书。

4. 他把掉进河里的孩子_____了上来。

5. 我的童年是在奶奶家_____的。

6. 上课的时候应该集中_____听老师讲课。

7. 爸爸和妈妈_____结婚的时候，除了一张床和一张桌子，家里几乎没什么家具。

8. 我们的表演获得了全校师生非常高的_____。

9. 他姐姐上个星期_____了一个儿子，七斤四两重。

10. 经过严格的_____，运动员们的成绩有了很大的提高。

(三) 根据课文回答问题

1. 李小龙生于哪一年？他出生在什么地方？
2. 李小龙为什么开始学习武术？他学得怎么样？
3. 在大学期间，李小龙还练习武术吗？他是怎么做的？
4. 在美国时，李小龙做了哪些与中国武术有关的事情？
5. 什么事使李小龙的名字传遍了美国？
6. 李小龙在电影方面有什么成绩？
7. 李小龙是怎么去世的？
8. 你以前听说过李小龙吗？谈谈你对他的了解。

(四) 用所给词语改写句子

1. 李小龙1940年出生，1973年去世。（于）
   _____。
2. 我们对两种商品做了一下比较，觉得还是上海的好一些。（进行）
   _____。
3. 他总是把方便送给别人，把麻烦留给自己。（将）
   _____。
4. 这是你最后的机会了，别再错过了。（仅）
   _____。
5. 近些年，地球气候变暖，很多科学家开始注意这个现象。（引起）
   _____。
6. 我很害怕打针。（之一）
   _____。

(五) 连词成句

1. 中国　给　的　演员　你　最　印象　哪　电影　深　个
   _____

2. 方面 天才 他 画画儿 在 个 是
_____

3. 的 他 不在 上 精力 而在 谈恋爱 上 学习
_____

4. 朋友 使 顺利 考试 的 他 通过 帮助 了
_____

5. 李小龙 将 电影 中国 的 世界 向 武术 推
_____

6. 成龙 的 参加 应 那个 邀请 了 公司 晚会
_____

(六) 用所给词语完成句子

1. _____，真是太遗憾了。（仅）
2. 学好汉语_____。（靠）
3. _____，他获得了这次比赛的冠军。（凭）
4. 那个消息报道出来以后，_____。（引起）
5. 这个大学_____。（之一）
6. _____，但现在已经很少有人再提他了。（红）
7. _____，你难道不知道吗？（传）
8. _____，电影公司拍了一部关于李小龙的电影。
   （应……的+V）

(七) 改错句

1. 凭着爸爸的工资，我可以上大学。
2. 我们正在进行谈话。
3. 他迅速就把那个很难的问题想出来了。
4. 他跑步跑得很迅速。
5. 他是汉语老师最红的学生。
6. 妈妈使我去超市买牛奶。

7. 我参加他的婚礼是应邀的。

8. 我专门地爱他,他却不知道。

(八) 综合填空

《新警察故事》是成龙从好莱坞回香港后主演的第一部电影。这部影片上个月24号上映后,观众反映非常好,三天的票房_____有2000万。电影中的故事让人非常_____动。成龙和他年轻的同事一次出去抓坏人,没想到_____到了严重的失败。成龙亲_____看着他的同事全被打死,却没有能力_____他们。这使成龙非常伤心,同时也觉得自己对_____起他们。所以他就每天喝酒,喝醉了让自己忘_____这痛苦(tòngkǔ pain)的事情。后来,成龙遇到了一个从小就想当警察的小伙子,在他的安慰和鼓励_____,终于重新鼓起勇气,_____后一起打败了坏人。

成龙以前的很多电影气_____轻松愉快,武打动作又精彩又有意思,《新警察故事》不太一样。成龙也会失败,也会伤心得想死。

成龙当年_____电影《警察故事》成为最红的电影明星,很多人对那部电影_____象深刻。如今他又主演《新警察故事》,_____是对过去的一种纪念,又是吸引观众的一个办法。事实也确实_____,成龙获得了成功,很多人还认为《新警察故事》是成龙最好的电影。

(九) 选择最合适的词语

有一天,太阳和北风争论___1___,争论它们俩谁的力量大。它们争论了很久,___2___决定在一个路人身上比比力量。

北风先开始。它___3___那个路人一下子冲过去,拼命地吹,想吹___4___他身上的外套。但是它越用力,那个路人把外套裹得也就___5___紧,还不停地抱怨天气太坏,不过他还是继续往前走。北风大发脾气,刮得更厉害了,还___6___着雨和雪。那个路人一边骂风,一边又___7___了一件衣服,还系上一条腰带。这回,北风自己也确信吹不下他的外套了。

太阳看到它的___8___没有办法了,笑了笑,从云的后面出来,晒暖、晒干了大地，__9__，也晒暖了冻得不行的路人。路人感觉到阳光的温暖，立刻高兴起来，说了几句赞美太阳的话，并亲手脱下自己的外套，__10__它卷起来，拿在手上。

"看见了吗？"太阳对风说，"爱的力量，远远超过愤怒。"

1. A. 一下　　　B. 起来　　　C. 得很　　　D. 不停
2. A. 所以　　　B. 因此　　　C. 最后　　　D. 以后
3. A. 对　　　　B. 对于　　　C. 朝　　　　D. 往
4. A. 起　　　　B. 上　　　　C. 坏　　　　D. 掉
5. A. 很　　　　B. 更　　　　C. 越　　　　D. 还
6. A. 下　　　　B. 有　　　　C. 夹　　　　D. 吹
7. A. 脱　　　　B. 多　　　　C. 加　　　　D. 减
8. A. 朋友　　　B. 敌人　　　C. 对方　　　D. 对手
9. A. 同时　　　B. 那时　　　C. 当时　　　D. 一时
10. A. 让　　　B. 叫　　　　C. 被　　　　D. 将

（十）阅读理解

我第一次到中国时，就去了少林寺（Shàolínsì Shaolin Temple）。少林寺位于河南省登封县的少室山下，因为这座寺庙就建在少室山的树林（shùlín forest）中，所以就叫"少林寺"。传说，中国很多的功夫都是从少林寺传出来的。我看的第一部中国武打电影就是《少林寺》，影片中优美的风景、精彩的武术动作和动人的爱情给我留下了深刻印象。从那以后，我就喜欢上了中国的武打电影，并决定如果有机会到中国，一定要去少林寺看看。

少林寺始建于公元495年（495 A. D.），起初是宣扬佛教（Fójiào Buddhism）的地方。公元七世纪初，中国发生了大规模的争夺政权的战争（zhànzhēng war），少林寺帮助了后来获胜的一方，所以在战争结束后得到了政府的支持。于是，少林寺的功夫开始闻名天下。少林寺历史悠久，经历过很多灾难（zāinàn disaster)，在1928年的战争中，少林寺几乎完全被烧毁。如今我们看到的少林寺的主要建筑都是后来重新修建的，现有面积约4万平方米，同样也很壮观。

少林寺不是一座普通的寺庙，它是中国佛教寺庙的代表之一，更被看做中国武术的圣地（shèngdì halidome）之一。特别是在很多武侠小说和武打电影中，少林寺的功夫是最厉害的，很多功夫最好的人都曾经在少林寺中学习过。中国关于少林寺的电影也非常多，仅李连杰主演的就有四五部，每一部我都看过了，以后有机会我再讲给大家听。

选择正确答案：

1. 少林寺的名字是从_____得来的。　　　　　　　　　　　（　）

　　A. 少年　　　　B. 少室山　　　　C. 佛教　　　D. 武打电影

2. 在_____年，因为战争，少林寺几乎全被烧毁。　　　　　（　）

　　A. 459　　　　B. 495　　　　C. 618　　　　D. 1928

3. 根据文章，下面哪个说法是正确的？　　　　　　　　　（　）

　　A. "我"只到过中国一次

　　B. 少林寺最初是宣传佛教的地方

　　C. 关于少林寺的电影一共有四五部

　　D. 现在的少林寺和古时候差不多

4. 文章的主要意思是什么？　　　　　　　　　　　　　　（　）

　　A. "我"每次到中国都要到少林寺看看

　　B. "我"喜欢关于少林寺的电影

　　C. 少林寺的历史很长，经历很多

　　D. 少林寺最有名的是中国功夫

文化小贴士 Proverbs

外练筋骨皮，内练一口气。

Wài liàn jīn gǔ pí, nèi liàn yì kǒu qì.

Muscle, bones and skins are exercised outside while breath skill is trained inside.

本课听说生词

集中	痛快	照常	生命	偷偷	本事	代替	鼓掌
抢	竞赛	计算机	目的	友好	收获	铃铛	摘
捂	传奇	拍摄	师父	杀	结合	勇敢	精神
不平	因素						

第五十四课　交换

语法项目：

1. 结果补语（8）：通

    王大爷一时想不通。

2. 趋向补语的引申用法：V+上去

    看上去怎么都比自己的破衣服值钱。

3. V/A 就 V/A 吧：

    换就换吧，省得自己买新衣服了。

重点词语：

1. 以为：王大爷还以为他要买草鸡蛋呢。

2. 难道：难道他真的想穿在自己身上吗？

3. 值/值钱：

    看上去怎么都比自己的破衣服值钱。

4. 省得：换就换吧，省得自己买新衣服了。

5. 反正：反正自己也不吃亏。

6. 吃亏：

    但王大爷还是同意了，反正自己也不吃亏。

7. 到底：

    他们分不清篮子里的到底是不是草鸡蛋。

功能项目：

生活中的小故事

一、课文

现在的城里人吃的方面很讲究。吃鱼专门挑野生的河鱼,吃鸡蛋也专挑乡下农民放在外面养的鸡下的蛋,也就是草鸡蛋,价钱翻几番也不在乎。王大爷家养了几十只鸡,它们轮流下蛋,王大爷就经常进城,专卖草鸡蛋。王大爷的生意特别好,他一进菜场,人们就纷纷来买他的草鸡蛋。不一会儿,王大爷的篮子就空了,口袋也鼓了起来。

有一天,王大爷遇上了一件怪事:一个年纪跟他差不多的城里人要买他身上穿的衣服。刚开始王大爷还以为他要买草鸡蛋呢。王大爷的衣服可真不怎么样,又脏又旧,上面还有好多抽烟时烧的小洞。这个人为什么要买这么一件破衣服?难道他真的想穿在自己身上吗?王大爷一时想不通。那人看王大爷有些犹豫,又说:"如果你不肯卖,那么,就用我身上穿的这件衣服跟你换,行吗?"王大爷看了一眼那人的衣服,干干净净,也挺新的,看上去怎么都比自己的破衣服值钱,心想,换就换吧，省得自己买新衣服了。俩人换好了衣服，那人还谢了王大爷，王大爷觉得那人肯定脑子有毛病。

后来，王大爷去城里卖鸡蛋，又碰上了那个人。那人像见到熟人一样，很亲热地跟王大爷打招呼，还学着王大爷的样子，蹲在地上，跟王大爷一起抽烟。这一次，他又想用新塑料桶换王大爷的旧竹篮子。虽然还是猜不出那人的真实想法，但王大爷还是同意了，反正自己也不吃亏。

王大爷穿着那人的新衣服，自己又买了新裤子和新鞋子，从头到脚，整整齐齐的，进城做小生意，自己感觉挺不错的。

可奇怪的是，王大爷的草鸡蛋生意却不如以前了。以前草鸡蛋不够卖，现在却卖不完，还得带一些回去。许多买菜的顾客，先是瞧一瞧他塑料桶里的鸡蛋，然后打量一下王大爷，最后，摇一摇头走了。王大爷很奇怪，不知道为什么。

后来，王大爷换了一个菜场卖草鸡蛋。结果，看见了那个跟他交换东西的人。那人竟然也在卖草鸡蛋！他面前摆着王大爷过去用的竹篮子，身上穿着王大爷的那件破衣服，连蹲在地上的姿势都跟王大爷一样！

那人见到王大爷，连忙边递烟边悄悄跟他说："自从跟你换了东西，这生意还真好做多了。他们分不清篮子里的到底是不是草鸡蛋，但他们都认为这篮子和衣服肯定是地道的农民的，错不了。"

二、生 词

1.	讲究	v./adj.	jiǎngjiu	pay attention to; particular	丙
2.	挑	v.	tiāo	choose, pick up	乙
3.	野生	adj.	yěshēng	wild, undomesticat	
4.	下	v.	xià	give birth to (for animals)	甲
5.	蛋	n.	dàn	eggs	乙
6.	价钱	n.	jiàqian	price	丙
7.	在乎	v.	zàihu	care about, mind, take to heart	丙
8.	轮流	v.	lúnliú	rotate, do sth. in turn	丙
9.	纷纷	adj.	fēnfēn	one after another, in succession	乙
10.	篮子	n.	lánzi	basket	丙
11.	鼓	n./v.	gǔ	drum; bulge, rouse, agitate	乙
12.	以为	v.	yǐwéi	think, believe, conside	甲
13.	难道	adv.	nándào	make an emphatic rhetorical question	乙
14.	犹豫	adj.	yóuyù	hesitate	丙
15.	值	v./adj.	zhí	cost, value, worthy of	丙
	值钱	adj.	zhíqián	costly, valuable	
16.	省得	conj.	shěngde	lest	丙
17.	熟人	n.	shúrén	acquaintance, friend	
18.	亲热	adj.	qīnrè	intimate, affectionate	丙
19.	招呼	v./n.	zhāohu	call, beckon; hail	乙
20.	蹲	v.	dūn	crouch, squat on the heels	乙
21.	塑料	n.	sùliào	plastic	乙

22. 桶	n./m.(n.)	tǒng	barrel, bucket, tub, pail	乙
23. 竹(子)	n.	zhú(zi)	bamboo	乙
24. 反正	adv.	fǎnzheng	anyway, anyhow, in any case	乙
25. 吃亏	v.o.	chī kuī	suffer losses	丙
26. 整齐	adj.	zhěngqí	in good order, neat, tidy	甲
27. 瞧	v.	qiáo	look, see	乙
28. 打量	v.	dǎliang	measure with the eye, look sb. up and down	丙
29. 竟然	adv.	jìngrán	unexpectedly, to one's surprise	丙
30. 悄悄	adv.	qiāoqiāo	secretly, quietly	乙
31. 自从	prep.	zìcóng	since, from	乙
32. 到底	adv.	dàodǐ	in the end, after all, in the final analysis, to the end	乙

本课新字

纷 犹 豫 蹲 塑 桶 齐 瞧 悄

三、注释

他们都认为这篮子和衣服肯定是地道的农民的,错不了。

All of them think that the basket and the clothes belong to a typical peasant. It won't be wrong.

"错不了"就是"不会错"的意思。

The phrase 错不了 means 不会错 (not wrong).

四、语法

(一) 结果补语 (8)：通 Result complement (8)：通

结果补语"通"可以表示不同的结果意义。

Result complement 通 can mean different results.

1. 表示没有堵塞，可以穿过。如：

It means there is no jam, and it can be passed. For example:

(1) 山洞快打通了。

(2) 这条路正在修，现在走不通了。

2. 表示清楚、明白、有道理或目的达到等引申意义。如：

It means clear, understandable and reasonable. For example:

(1) 那个问题我还没想通。

(2) 你的理由根本说不通。

(3) 这个办法行得通吗？

(二) 趋向补语的引申用法：V+上去

The extensive usage of tendency complement：V+上去

"V+上去"表示从事物或情况的表面得出某种结论或判断。如：

The structure "V+上去", a conclusion is made according to the appearance of something or some situations. For example:

(1) 她男朋友看上去很会照顾人。

(2) 这个主意听上去很不错。

(三) V/A 就 V/A 吧

意思是经过考虑、比较之后同意做某事，虽然这样做可能有不利的方面或按常理一般不会这么做。也有"既然如此，就……"的意思。如：

After consideration and comparison, something can be done, though there are disadvantages of doing so, or normally it would not be done in this way. It has also the meaning of "既然如此，就……". For example:

（1）看就看吧，看动画片对小孩儿也有好处，只是时间别太长就行。

（2）不吃就不吃吧，下一顿多吃点儿。

（3）买就买吧，贵的东西质量总会好一点儿。

五、重点词语

（一）以为　think

[动] 对人或事物做出某种论断，这种论断往往不符合事实，所以可以用另一小句说明真实的情况。如：

[v.] Make a judgement or a statement, which is usually not a fact, so a clause explaining the fact followed. For example:

（1）我以为大家都知道了呢。

（2）我以为你回国了呢，原来没走啊！

"以为"前边可以加"原"、"本"等副词，显示出以前的想法和现在的事实不同。如：

Some adverbs such as 原 and 本 can be added before the phrase 以为, to show that one's originally thought is different from the fact. For example:

小明原以为妈妈六点才下班，所以就偷偷看电视，没想到妈妈不到五点就回家了。

比较："以为"和"认为"，都表示作出判断

Comparison between 以为 and 认为: Both of them means making a judgement.

"以为"多用于实际上不符合事实的论断；"认为"一般只用于正面的论断，说出自己的看法或观点。如：

The phrase 以为 is mainly used to those judgements which are not true; 认为 is usually used to positive judgement, to speaking out one's view or opinion. For example:

（1）我认为老王说得很有道理。

（2）我以为老王是个老实人，谁知他却骗了我的钱。

（二）难道　Is it possible that...?　Could it be true that...?

[副]用在反问句中，加强反问语气，句尾常用"吗"。"难道"可以用在动词前，也可以用在主语前。如：

[adv.] It is used in a rhetorical question for emphasize, and the word 吗 is usually used at the end. The phrase 难道 can be used before a verb or a subject as well. For example：

（1）你难道没听说过李小龙吗？

（2）我们难道会怕你？

（3）难道你们都已经知道了？

（三）值／值钱　value，be worth

1.[动]指货物与价钱相当。如：

[v.] It means that something equals its value. For example:

（1）这块石头值一千块钱呢。

（2）这样的衣服只值二百块钱。

2.[形]指有意义或有价值；值得，不能带宾语。如：

[adj.] It means significant or valuable, no object is allowed to follow. For example:

（1）花两千块钱就能去韩国转一圈，我觉得很值。

（2）我们的演出得到了观众的好评，虽然很辛苦，但也值了。

"值钱"，指价钱高，有价值。有形容词的功能。如：

The phrase 值钱 means expensive, valuable. It has the function of an adjective. For example:

（1）值钱的东西要随身带着。

（2）这样的石头不值钱。

"值得"，同"值"的第2种意思，但用法更多，可以带动词宾语或小句。如：

The phrase 值得 has the same meaning of the second 值, but with more usages. An object or a clause is allowed to follow. For example:

（1）这件衣服又好又便宜，值得买。

（2）他值得你这样做吗？

（3）这个实验不值得我们再做下去。

（四）省得　lest, so as to avoid

［连］用在后一小句开头，前一小句常说应该做的事情，从而避免后一小句中不希望发生的事情发生。如：

[conj.] Used at the beginning of the later clause. The former clause often expresses something should be done so as to avoid that in the later clause. For example:

（1）我订了一份报纸，可以送到家里，省得天天在外边买。

（2）你给大家发个 e-mail 就行了，省得一个一个打电话通知。

注意：用"省得"的句子中，后一小句一般不用主语。如果有主语，主语放在"省得"后边。如：

Note: In the sentence with 省得, there is usually no subject in the later clause. If it has a subject, the subject must be put after the phrase 省得. For example:

我给儿子买了辆自行车，省得他每天挤公共汽车上学。

＊我给儿子买了辆自行车，他省得每天挤公共汽车上学。

（五）反正

1.［副］强调在任何情况下都不改变态度、观点、结论或结果等，前面常有说明情况或条件的小句。如：

[adv.] To emphasize that under any circumstance, one's attitude, opinion, conclusion or result won't be changed. Usually, there is explanation of situation or condition in the former clause. For example:

（1）你想去你自己去，反正我不去。

（2）我说或者不说都一样，反正没人听我的。

2.［副］指明情况或原因，多用在动词、形容词或主语前。如：

[adv.] Referring to the situation or reason, mainly used before a verb, an adjective or a subject. For example:

（1）反正已经考完了，我们出去好好放松放松吧。

（2）这个东西反正我用不着了，就送给你吧。

（六）吃亏　suffer losses

［离合词］指受损失；失去应得的利益。中间可以插入"了"、"过"等词语。如：

[v.o.] It refers to the loss; to lose one's interest or benefit. Words such as 了 or 过 and so on can be inserted in-between. For example:

（1）他这个人从不吃亏。

（2）这一次他们吃了大亏。

（3）我什么时候让你吃过亏？

（4）这次事故，司机吃了天气不好的亏。

（七）到底　on earth

［副］用于疑问句，表示进一步追究。如：

[adv.] Used in a question, implying a further investigating. For example:

（1）你到底想干什么？

（2）那个地方到底好不好？

注意：主语如果是疑问代词，"到底"只能用在主语前。如：

Note: If the subject is an interrogative pronoun, the phrase 到底 can be only put before the subject. For example:

到底哪一个是真的？

＊哪一个到底是真的？

"到底"只能用在特指疑问句或正反疑问句中，不能用在是非疑问句

(带"吗"的问句)中。如：

The phrase 到底 can only be used in a special interrogative sentence or in a right-wrong interrogative sentences, but not in an interrogative sentence with 吗. For example:

(1) 你到底修什么呢？

(2) 你到底会不会修？

　　＊你到底会修吗？

六、练习

(一) 朗读短语

吃西餐的讲究	讲究方法	有讲究	野生动物	野生植物
专门研究	专门学校	专车	专买便宜的	轮流做家务
轮流当班长	轮流看	很在乎	在乎你	很犹豫
犹豫去不去	犹豫了一下	雨雪纷纷	纷纷回国	纷纷落下
省得麻烦别人	省得跑一趟	很值钱	值很多钱	挑苹果
挑了半天	到底去不去	到底是谁	蹲下	蹲着
看上去	听上去	弄不通	读不通	说不通

(二) 选词填空

乡下　悄悄　鼓　轮流　熟人　亲热　整齐　塑料　瞧　打量

1. 他经常跟朋友们聚会，大家_____买单。

2. 他上下_____了我一番，然后笑着说："确实不错。"

3. 我奶奶家在_____，空气非常好，每个暑假我都去奶奶家住。

4. 他谁也没告诉就_____地走了。

5. 你_____，这是什么东西？

6. 用_____杯子喝热水对身体不好。

7. 教室里的桌子摆得非常_____。

8. 奶奶来了，他表现得很_____。

9. 孩子跑得很快，一下子摔倒了，头上_____了一个大包。

10. 你跟他不是_____吗？找他帮个忙不就行了？

（三）选择合适的词语

1. 我_____什么时候开始努力都不算晚。（以为 认为）

2. 我一直_____他是个学生，没想到他也是老师。（以为 认为）

3. 还没下课，一个学生就从后门_____走掉了。（悄悄 默默）

4. 这辆自行车看_____挺漂亮的，你骑_____试试。（上去 起来）

5. 我很_____帮你，但我确实没那个能力。（肯 愿意）

6. 他对每个人都很_____。（亲热 热情）

7. 我在公园里看到一对青年男女正在_____。（亲热 热情）

8. 那个电影拍得很不错，还有很多明星，很_____看。（值 值得）

9. 一千块钱买件衬衫，我觉得不_____。（值钱 值得）

10. 这件衬衫_____一千块钱吗？（值 值得）

（四）根据课文回答问题

1. 为什么说现在的城里人吃的方面很讲究？

2. 王大爷的草鸡蛋生意怎么样？

3. 王大爷遇上了一件什么怪事？

4. 后来那个人又要跟王大爷换什么东西？最后换了吗？

5. 跟那个人换过两次东西以后，王大爷的草鸡蛋生意有什么变化？

6. 王大爷最后又在哪儿遇到了那个人？那个人正在做什么？

7. 你知道那个人为什么要跟王大爷换东西了吗？

8. 你觉得王大爷知道原因后会怎么做？

（五）模仿造句

1. 王大爷一进菜场，人们就纷纷来买他的草鸡蛋。
   天气越来越冷了，鸟儿们纷纷飞到南方去了。
   _____

2. 王大爷的衣服可真不怎么样，又脏又旧，上面还有好多小洞。
   那个电影拍得可真不怎么样，故事讲得不清楚，演员演得也不好。
   _____

3. 这个人为什么要买这么一件破衣服呢？王大爷一时想不通。
   她为什么不爱我了？我怎么都想不通。
   _____

4. 换就换吧，省得自己买新衣服了。
   以前的房子卖了就卖了吧，反正现在我们也有地方住。
   _____

5. 那人竟然也在卖草鸡蛋。
   他竟然连家里的电话号码都不记得。
   _____

6. 自从跟你换了东西，这生意还真好做多了。
   自从来到中国，我就越来越胖了。
   _____

（六）用所给词语完成句子

1. 那个女孩儿_____，家里的衣服多得不得了。（讲究）
2. 女人总是_____。（在乎）
3. _____，哪知道票早卖光了。（以为）
4. 你把用完的作业本都放好，_____。（省得）
5. 我替你买吧，_____。（反正）
6. 爸爸，你说如果我考第一名就送我一辆新自行车，_____？（难道）

7. 我确实不明白，_____？（到底）

8. 这个机会多好啊，_____。（犹豫）

9. _____，他跟妻子的关系就越来越糟糕了。（自从）

10. 同屋正在睡觉，_____。（悄悄）

（七）改错句

1. 难道这么好的机会你要抓住吗？

2. 摔倒就摔倒吧，但摔得不太厉害。

3. 反正你不喜欢，我是无所谓的。

4. 你们两个谁到底是姐姐？

5. 你到底想跟他结婚吗？

6. 这次失败，主要在吃亏不了解对手的情况。

（八）综合填空

爷爷退休以后和我们住在一起。每天他都第一个起床，然后就提着菜篮子出门了。爷爷_____在小区的广场上锻炼锻炼身体，接着就去_____近的菜场买菜。爷爷有个习_____，就是从来不用菜场的塑料袋，买回来的菜_____都放在一个小竹篮子里。小时候，我问他："爷爷，您用篮子买菜，_____脏了还要洗，多麻烦啊。您为什么不用塑料袋啊？"爷爷笑着说："篮子脏了我自己洗是_____个人麻烦，塑料袋用完了到_____乱扔是大家都麻烦啊！"爷爷告诉我，塑料袋扔掉以后，在土里要过一两百年_____分解（fēnjiě dissolution）。试想一下，每天那么多用完的塑料袋扔在外面，地球_____就成了一个白色的垃圾场了吗？

爷爷说的话_____有道理，渐渐地，我也和爷爷一样开始关心环境保护。我去买东西的时候也不用_____少用塑料袋；在外边吃饭不用一次性筷子；平时注意节约用电，随手关灯，也_____浪费水。爷爷_____我是个保护环境的好孩子。

(九) 阅读理解

如今,"绿色食品"很受消费者的欢迎,但很多人对它到底是什么意思并不十分清楚,所以就出现了种种误解:有的认为"绿色食品"就是有叶绿素 (yèlǜsù chlorophyl) 的绿颜色食品;有的认为"绿色食品"就是餐桌上的野菜;有的认为市场上卖的绿颜色食品就是"绿色食品"。

其实这些都不是真正的"绿色食品","绿色食品"是生产过程和方式无污染的、安全、优质 (yōuzhì high quality)、营养的食品。它的生产环境是自然的、安全的,没有现代的化学药品的污染,所以被称为"绿色",代表着生命的活力。"绿色食品"可以是蔬菜、水果,也可以是鱼类、肉类。

和普通食品不一样,绿色食品有一个特别的标志 (biāozhì symbol)。这个标志图形有三个部分:上面是太阳、下面是绿叶和蓓蕾 (bèilěi bud)。标志图形为正圆形,意思是保护、安全。一种商品被评为绿色食品,就会获得绿色食品标志,但标志一般只有三年的有效期 (yǒuxiàoqī period of validity),所以消费者买的时候要仔细看一看。

对绿色食品的研究开始于20世纪80年代后期。近年来,在欧美、日本等发达国家,绿色食品十分流行。中国从1990年开始绿色食品工程,至今已有千种以上的产品获得绿色食品标志。一般情况下,绿色食品的价格比普通食品高30~50%,有的加工产品高出两倍,但仍然供不应求。

选择正确答案:

1. 下列哪种食品是"绿色食品"?　　　　　　　　　　　　　( )
   A. 含叶绿素的食品　　　　　　B. 绿颜色的食品
   C. 野生动植物做的菜　　　　　D. 无污染的安全食品

2. "绿色食品"标志上没有什么?　　　　　　　　　　　　　( )
   A. 太阳　　　B. 绿叶　　　C. 鲜花　　　D. 蓓蕾

3. 根据文章,下面哪种说法是正确的?　　　　　　　　　　　( )
   A. 绿色食品只是蔬菜
   B. 绿色食品标志可以用很多年
   C. 中国从20世纪80年代就有了绿色食品
   D. 绿色食品很受欢迎

（十）写作

以下两题任选其一，从给出的15个词中选择8~10个写一篇与所学课文内容有关的作文，字数在200字左右。

Select one of the following two topics, with about 200 words, write an article related to the texts you've learnt by choosing 8 to 10 words from the 15 given words.

1. 印象 电影 于 进行 将 仅 引起 靠 之一 使 迅速
   精力 好评 宣传 救

2. 讲究 以为 在乎 生活 条件 反正 省得 吃亏 到底 毛病
   值钱 运气 悄悄 V/A 就 V/A 吧 V+通

文化小贴士 Proverbs

民以食为天。

Mín yǐ shí wéi tiān.

Food is the first necessity of the people.

本课听说生词

大量 顺便 墙壁 壁 青菜 要紧 浇 卫生
镜子 干活 削 黄瓜 还价 小朋友 咬 理
近视 眯 歪 亩 田 禾苗 馒头 科技
食品 坏处 严格 合格 程度

第五十五课 "自行车王国"的变迁

语法项目：

1. 一向：中国一向被称为"自行车王国"。

2. 据：据报道，……

3. 如……一般：
   大街上的自行车如潮水一般。

4. 随着：随着经济和社会的发展。

5. 番：我们又看到了这样一番景象。

6. 首先……，其次……，再次……

7. 显然：显然，骑自行车费时又费力。

8. 的确：如今的自行车道的确很窄。

9. 甚至：甚至骑到快车道上去。

10. 由：
    中国由"自行车王国"向"汽车王国"转变还没到时候。

功能项目：

出行，交通工具

一、课文

中国一向被称为"自行车王国",是世界上自行车数量最多的国家。据报道,在上世纪80年代,中国有五亿辆自行车。那时,自行车是中国人主要的,也是不可替代的交通工具。每逢上下班高峰期,大街上的自行车如潮水一般。江女士是上个世纪50年代出生的人,据她讲,结婚时,除了一辆自行车,她没有要丈夫家任何东西。每天丈夫骑着自行车,她坐在后边,俩人一起上下班,既幸福又时髦。那时的自行车算是非常贵重的东西,一辆自行车要花掉几个月的工资。不过那一代人骑自行车一骑就是几十年,去哪儿都靠它,大部分家庭都有自行车。

随着经济和社会的发展,大概从上个世纪90年代后期开始,交通工具有了很大变化。人们出门的时候有了更多的选择。可以坐公共汽车,又快又便宜;可以骑摩托车,人们的收入也买得起摩托车。另外,也有一部分人开上了自己的汽车。这样一来,自行车的比例越来越小,自行车市场开始走下坡路。

到了21世纪的今天,我们又看到了这样一番景象:满大街都是各种各样的汽车,骑自行车的人越来越少。对此,人们不难理解。首先,经济发展了,城市变大了,人们去的地方比以前远多了。显然，骑自行车费时又费力。现在公共交通很发达，人们坐公交车或地铁能更快地到达自己要去的地方。其次，人们的经济条件改善了，很多人买了电动自行车、摩托车或汽车。再次，在一些大城市里面，很多人感到骑自行车不方便也不安全。一是一些公共场合禁止停放自行车，出门办事，把自行车放在哪儿很让人头疼。二是如今的自行车道的确很窄，还经常被机动车占着，所以有时不得不骑到人行道上，甚至骑到快车道上去，这当然很不安全。

自行车的作用渐渐被机动车代替，人们有了更多更方便的代替步行的工具，这可能是社会进步的一种表现。然而，话说回来，从中国目前的现实情况来看，中国由"自行车王国"向"汽车王国"转变还没到时候。

二、生词

1. 王国	n.	wángguó	kingdom, realm	丁
2. 变迁	v./n.	biànqiān	change of situation	丁
3. 一向	adv.	yíxiàng	all long, the whole time	丙
4. 称	v./b.f.	chēng	call, name as	乙
5. 据	prep.	jù	according to	丙

6.	逢	v.	féng	meet, encounter, come across	乙
7.	如	v./conj.	rú	such as, as if, like	乙
8.	潮水	n.	cháoshuǐ	tidewater, tide.	
9.	女士	n.	nǔshì	lady, madam	乙
10.	时髦	adj.	shímáo	fashionable, in vogue, stylish	丁
11.	随着	prep.	suízhe	along with, in pace with	丁
12.	期	n.	qī	a period of time	乙
	后期	n./adv.	hòuqī	later stage, later period	丁
13.	比例	n.	bǐlì	ratio, proportion	乙
14.	坡	n.	pō	slope; slant, slope, incline	乙
15.	番	m.(n.)	fān	kind, sort	丙
16.	景象	n.	jǐngxiàng	scene, picture, prospects, view	丙
17.	此	pr.	cǐ	this, these; like this	乙
18.	显然	adj.	xiǎnrán	clear, evident, obvious	乙
19.	力	n.	lì	power, (physical) strength	乙
	费力	v.o	fèi lì	need or use great effort	丙
20.	其次	pr.	qícì	next, secondly	乙
21.	电动	adj.	diàndòng	(of machinery) power-driven, motor-driven , electric	
22.	再次	pr.	zàicì	second time, once more	
23.	场合	n.	chǎnghé	situation, occasion	丙
24.	如今	n.	rújīn	nowadays, now, at present	乙
25.	的确	adv.	díquè	really, certainly	乙

26. 窄	adj.	zhǎi	narrow	乙
27. 机动	adj.	jīdòng	auto motive, motorized	丙
28. 甚至	conj.	shènzhì	even	丙
29. 步行	v.	bùxíng	go on foot, to walk	丁
30. 目前	n.	mùqián	at present	甲
31. 由	prep.	yóu	from	乙
32. 转变	v.	zhuǎnbiàn	change, transform, shift	乙

本课新字

逢　潮　毫　例　坡　窄　占

三、注释

自行车市场开始走下坡路。 The bicycle markets started to decline.

"下坡路"是指从高处通向低处的道路，比喻向衰落的方向发展的道路。"走下坡路"就是指事物的发展逐渐缓慢甚至向负面的方向发展。如：

The phrase 下坡路 is a road from high to lower. It refers a way of decline. The phrase 走下坡路 means that the situation develops slowly, or even toward the negative direction. For example:

（1）妈妈在有了我们几个孩子以后，事业方面就开始走下坡路。

（2）爸爸妈妈离婚后，他的学习就开始走下坡路。

四、语法

（一）一向 all long

[副] 表示从过去到现在情况没变。如:.

[adv.] It means that from past to present, the situation is always the same.

（1）他对人一向很热情。

（2）他一向都是个聪明又努力的学生。

比较: "一向" 和 "一直"：都表示动作或状态不变

Comparison between 一向 and 一直： both express acts and states are unchangeable.

"一向" 侧重 "向来、从来" 的意思；"一直" 更侧重时间上的不间断，不变化。有时两者可以换用，但意思稍有不同。如：

The phrase 一向 focuses on 向来 (always)、从来 (never), while the phrase 一直 focuses on the continuation and unchangeableness of the time. Sometimes, they can be exchanged, with a slight difference of meaning. For example:

（1）我一向不喜欢吃鸡。（从来不喜欢）

（2）我一直不喜欢吃鸡。（从以前某个时间点到现在都不喜欢）

另外，"一直" 还有别的意思和用法，如 "一直+在+V"，表示一段时间内动作持续不断等。如：

Besides, there are some other usages of the phrase 一直, for example, the structure "一直+在+V" means the continuous movement during a certain period of time. For example:

（1）晚饭后他一直在看电视。

　　*晚饭后他一向在看电视。

（2）自从分手以后，我还一直想着他。

　　*自从分手以后，我还一向想着他。

（二）据 according to

［介］根据，依据。多用于书面，后可带名词、动词或小句。可以用在句中，也可以单独用在主语前。如：

[prep.] according to. It is mainly used in written Chinese, and a noun, a verb or a clause is allowed to follow it. It can be used in the middle of the sentence or be placed before the subject alone. For example:

（1）这部电影是据同名小说改编的。

（2）据我查到的资料，名牌大学也并不是十分难考。

（3）据估计，今年的房价还会继续上涨。

（4）他的病据医生说不会好了。

（三）如……一般 as，be similar to

"如"是"像"的意思，"如……一般"就是"像……一样"，用于书面。如：

The word 如 means 像 (like), the expression "如……一般" means "像……一样" (be similar to, the same as). For example:

（1）那时我和她亲如姐妹一般。

（2）大雪之后的城市如童话世界一般美丽。

（四）随着 along with

1. ［介］"随"是"跟随"的意思，"随着"表示某动作行为紧跟在某一件事情发生之后或某一种情况出现之后，常用在句首。如：

[prep.] The word 随 means following, and the phrase 随着 means a certain act occurs right after an accident or a situation. It is often used at the beginning of sentence. For example:

（1）随着欢快的音乐，演员们跳着舞出现在舞台上。

（2）随着天气的变化，鸟儿们从寒冷的北方飞到了温暖的南方。

2. ［介］表示事物发展变化的前提条件或原因。常放在句首，宾语多为

"的"字结构。如：

[prep.] It refers to the precondition or reason of the development. Usually it appears at the beginning of a sentence, and its object is often the structure of "N+的+ N". For example:

（1）随着经济的发展，人们的生活也越来越好了。

（2）随着孩子的出生，一家人的生活发生了很大的变化。

（五）番

［量］前几课我们学过的量词"番"是"倍"的意思，常说"翻几番"。本课中的"番"用于景象、言语、过程等。如：

[m.] The word 番 we learnt in the previous text means "times", the usual expression is 翻几番 (times several 2). In this text, the word 番 is used as the measure word of visions, languages or processes. For example:

（1）爸爸的一番话让我收获很大。

（2）老师给我做了一番解释，我就明白了。

（3）这一番经历我要把它写下来。

（六）首先……，其次……，再次…… First..., then..., after that...

常用于列举事物，也就是"第一……，第二……，第三……"的意思。如：

They are usually used in listing examples, meaning the first, the second and the third. For example:

（1）你现在还不能出院，首先你的病还没有完全好，其次医院里的条件比家里好，再次，你现在也没什么事情，就好好在医院里养病吧。

（2）这个软件首先是方便留学生学汉语的，其次也可以帮助老师备课，再次也给一些电脑爱好者提供了参考。

列举时，一般前面的较为重要。有时也可以只列举两项，即只有"首先，其次"。如：

When to list examples, the important one ranks first. Sometimes, only two examples are listed, that is, only 首先 and 其次 are used. For example:

我们班这次能考这么好的成绩，首先是同学们努力的结果，其次也和老师的认真指导分不开。

（七）显然 apparently, clearly

［形］形容非常明显，很容易看出或感觉到。如：

[adj.] It means very clear and very easy to be noticed or felt. For example:

（1）他显然是生气了，否则不会不跟我们说一声就走了。

（2）很显然，妈妈不希望他去外国留学。

（八）的确 really, certainly

［副］确实，表示对事实十分肯定。用在动词或形容词前，也可单独用在句子前面。如：

[adv.] It means for sure, which means that one is quite certain of a fact. It is used before a verb or an adjective. It can also be used independently before a sentence. For example:

（1）长城的确是一个伟大的建筑。

（2）那部电影的确很好看。

（3）的确，那时候人们的生活还比较苦。

"的确"也有重叠形式"的的确确"，也用在动词或形容词前。如：

The phrase 的确 has its geminating form as 的的确确, which can be used before a verb or an adjective. For example:

（1）他的的确确没上过大学。

（2）现在的交通的的确确比过去方便多了。

比较："的确"与"确实"　Comparision between 的确 and 确实

"的确"与"确实"的主要区别在于"的确"只能用作副词，而"确实"既可以用作副词，也可以用作形容词。如：

The main difference between 的确 and 确实 lies in that 的确 can only be used as an adverb, while 确实 can be used as an adjective as well as an adverb. For example:

小张说的那个消息确实吗？

＊小张说的那个消息的确吗？

（九）甚至 even

[连] 提出突出的例子，有更进一层的意思，后面可以用"连……都/也"。如：

[conj.] To show outstanding examples, imply a further meaning. It can be followed by the structure "连……都/也". For example:

（1）他在中国住了一年，还是不会说汉语，甚至连"你好"都不会说。

（2）这种树四季常青，甚至到了冬天树叶也不会变黄。

（3）他是个小说迷，甚至吃饭的时候都抱着小说看。

（十）由 from

[介] 用于书面。本课所学的"由"意思同"从"，表示处所、时间或发展变化的起点。如：

[prep.] It is used in written Chinese. In this text, 由 is similar to 从, referring to place, time or a starting point of development or change. For example:

（1）操场由南到北有300米长。

（2）我们打算由明年开始每年组织同事一起出去旅游。

（3）我和他由陌生到熟悉，由普通朋友变成了亲密爱人。

五、练习

（一）朗读短语

一向认真　　一向喜欢　　代替父母　　不可代替　　代替不了

式样时髦　　时髦得很　　很爱时髦　　一定的比例　　比例很大

翻一番　　一番景象　　一番话　　此人　　此事
此时　　如此　　对此　　很显然　　显然不对
电动汽车　　电动玩具　　公共场合　　分场合　　的确漂亮
的确有进步　　据说　　据传　　据报道　　如亲人一般
如春天一般温暖　　占座　　占地方　　占百分之五

（二）选词填空

一向　费力　逢　坡　窄　首先　景象　如今　步行

1. 每_____春节的时候，我都回家乡看望爷爷奶奶。
2. 从这儿_____到长江大桥，需要两个小时的时间。
3. _____，中国的发展非常迅速。
4. 他看起来一点儿都不_____地就把那个大箱子提到了楼上。
5. 门太_____了，沙发搬不进去。
6. 找工作以前应该_____把自己的个人简历写好。
7. 他对学生_____很严格。
8. 农村市场到处都可以看到这样的_____。
9. 骑车下_____的时候非常省力。

（三）根据课文回答问题

1. 中国为什么一向被称为"自行车王国"？
2. 从什么时候开始，中国的自行车市场开始走下坡路？为什么？
3. 21世纪的今天，中国的大街上可以看到什么景象？
4. 为什么现在骑自行车的人比以前少了很多？
5. 在一些大城市里，为什么很多人感到骑自行车不方便也不安全？
6. 在你们国家，人们出门主要的交通工具是什么？
7. 你喜欢哪种交通工具？为什么？

（四）模仿造句

1.（1）老师对我们如对自己的孩子一般。（如……一般）

　　_____

　（2）他们俩如恋人一般亲热。（如……一般+adj.）

　　_____

2. 据估计，明年的房价还会继续涨。（据+v.）

　　_____

3.（1）你看他高兴的样子，显然是有什么好事情。（显然+v./adj.）

　　_____

　（2）很显然，他不想跟我们一起去。（很+显然）

　　_____

4.（1）这个沙发占了房间很大的地方。（占+了）

　　_____

　（2）有一个报道说，目前中国的跨国婚姻占全部婚姻的5%。（占+num.）

　　_____

5. 据我了解，他的确是个要求很高的人。（的确）

　　_____

6. 妻子晚上在单位加班，所以他不得不自己做饭吃。（不得不）

　　_____

（五）选择合适的位置

1. 他 A 只 B 在中国 C 学了 D 一年，汉语说得还不地道。　　　　（毕竟）
2. A 李小龙在香港 B 主演了 C 四部功夫电影 D。　　　　　　　（先后）
3. 我 A 今天 B 是 C 来 D 看你的。　　　　　　　　　　　　　（专门）
4. 你 A 说的 B 是不是 C 真的 D？　　　　　　　　　　　　　（到底）
5. A 他 B 把那封信 C 交给了老师 D。　　　　　　　　　　　　（却）
6. 他 A 比我 B 喝 C 了两瓶 D 啤酒。　　　　　　　　　　　　（多）
7. 我生病期间，他 A 每天 B 都 C 来 D 看我。　　　　　　　　（几乎）
8. 所有 A 认识他 B 中国人都觉得他 C 汉语说得跟中国人 D 似的。　（的）

(六) 用所给词语完成句子

1. _____，很多人都买得起汽车了。（随着）
2. _____，你就放心吧。（一向）
3. 那个男人对家庭很不关心，_____。（甚至）
4. 中国的面积很大，_____。（由）
5. 对孩子来说，_____。（代替）
6. 中国风景最好的地方，_____。
   （首先……，其次……，再次……）
7. _____，她都到体育馆去健身。（逢）
8. _____，我的心情好了很多。（番）

(七) 改错句

1. 我姐姐工作以后性格转变得很大。
2. 你能告诉我的确的消息吗？
3. 我上大学后期，跟一个外国人成了好朋友。
4. 大雨一向下了三天。
5. 随着天气越来越冷，很多学生感冒了。
6. 孩子用了妈妈很多时间。

(八) 选择正确答案

下面每个句子中都有一个画线的词语，ABCD 四个答案是对这一画线词语的不同解释或跟它意思相近的词，请选择最接近该词语的一个答案。

1. 每逢上下班高峰期，大街上的自行车如潮水一般。　　（　　）
   A. 到　　　B. 次　　　C. 天　　　D. 回

2. 他每天只顾忙自己的工作，家里的事情什么都不管。　　（　　）
   A. 看望　　B. 注意　　C. 照顾　　D. 管理

3. 夫妻俩花了近一百万才买下了那套房子。　　（　　）
   A. 很近的　B. 最近　　C. 差不多　D. 不远

4. 他经常在外面乱吃东西，怪不得得了胃病。　　　　　　（　）
   A. 不干净　　B. 不整齐　　C. 随便　　D. 讲究

5. 儿子马上就要高考了，他推掉了所有的聚会，每天晚上陪儿子学习。
   　　　　　　　　　　　　　　　　　　　　　　　　　　（　）
   A. 推开　　B. 推迟　　C. 推辞　　D. 推让

6. 一台电视机不止一千块钱吧？　　　　　　　　　　　　（　）
   A. 不停　　B. 不到　　C. 比……多　　D. 比……少

7. 他将老师上课说的每一句话都记下来了。　　　　　　　（　）
   A. 把　　B. 被　　C. 叫　　D. 给

8. 贵点儿就贵点儿吧，我无所谓。　　　　　　　　　　　（　）
   A. 不喜欢　　B. 不高兴　　C. 不要紧　　D. 不在乎

（九）综合填空

　　我十岁那年的寒假，最高兴的事情不是拿到红包，_____是得到了一辆自行车。那辆自行车是我表姐送给我的。她跟一个外地人结婚了，要到外地去_____，所以就把每天陪她上班的自行车_____给了我。那虽然并不是一辆新车，_____已经把我兴奋坏了。我一见到车，就把它_____出去，想马上就学会，骑上它想去哪儿_____去哪儿。

　　妈妈_____哥哥教我学骑自行车，我们就来到一个大广场上。我先骑上去，坐在车座位上，哥哥在后边_____着车子。然后，我开始用_____往前骑，哥哥边推边扶，我也越骑越快，感觉一下子就学_____了一样。我拐了个_____，很得意地想对哥哥说骑车这么容易，_____然看到哥哥站在我前面。_____来他竟偷偷地放手了！我_____识到后面没有人帮我扶着时，一下子慌了，车子也掌_____不住了。我大叫_____往前冲去，"咚"的一声摔倒了。

第五十五课 "自行车王国"的变迁

(十) 阅读理解

2006年11月,青藏铁路全线建成通车,这个消息使十几亿的中国人感到兴奋。这条铁路东起青海 (Qīnghǎi) 省的省会西宁 (Xīníng),西到西藏 (Xīzàng Tibet) 的首府拉萨 (Lāsà Lhasa),全长1900多公里。这不是一条普通的铁路,它的建成,显示了中国先进的工程技术和中国工人的伟大。

英国《卫报》的报道说,中国人创造了一个奇迹 (qíjì miracle)。大家都认为在西藏根本没办法修铁路。理由很明显,西藏是地球上海拔 (hǎibá altitude) 最高的地方,要在那里铺铁路,就意味着要让火车爬上5000多米高的山脉,这中间还有12公里宽的河上要建桥。另外,最不利的情况是,那里还有上千公里的冻土,白天融化,晚上冻结。火车在冰雪和软泥上开,简直是不可想象的。还有,西藏的平均海拔在四五千米,氧气 (yǎngqì oxygen) 不够,修路工人怎么在零下30度的低温中用力干活呢?

但是中国人做到了世界上其他很多国家的人都认为不可能做到的事情,而且做得很好,创造了很多世界之最。如:青藏铁路是世界上海拔最高的高原铁路,最高点为海拔5072米;它也是世界上最长的高原铁路,铁路穿过海拔4000米以上的路段960公里;同时,它还是世界上穿过冻土路段最长的高原铁路,冻土路段达550公里。

修建青藏铁路的一个重要目的是发展西藏的旅游事业,加快当地经济的发展。西藏的旅游收入占全区总收入的5%以上,1999年西藏接待旅游者45万人次,估计到2010年将达到113万人次。但由于交通不太方便,跟旅游团去西藏费用很高,仅交通方面,成都到拉萨的往返机票就要2400多元,再加上其他的费用,甚至比去国外旅游还贵。这条铁路开通后,到西藏旅游将会变得既方便又经济。另外,这条铁路还能带来每年250万吨货物和大量的商人;现代技术和教育手段也会传到西藏,西藏人的生活将大大改善。

选择正确答案:

1. 以前大家认为在西藏修铁路最大的问题是什么?　　　　(　)
　　A. 海拔太高　　　　　　　B. 地下有冻土
　　C. 氧气不够　　　　　　　D. 要在12公里宽的河上建桥

2. 青藏铁路在海拔4000米以上的路段有多长？　　　　　　（　）
   A. 550公里　　B. 960公里　　C. 1200公里　　D. 1900公里

3. 文中提到青藏铁路创造了几项世界之最？　　　　　　　（　）
   A. 一项　　　B. 两项　　　C. 三项　　　D. 四项

4. 根据文章，下面哪种说法不正确？　　　　　　　　　　（　）
   A. 修建青藏铁路很不容易
   B. 为了安全，青藏铁路没有经过冻土层
   C. 因为西藏经济不发达，所以修建青藏铁路
   D. 现在去西藏旅游很便宜

5. 文章没有提到哪方面的内容？　　　　　　　　　　　　（　）
   A. 青藏铁路的建成时间　　　B. 青藏铁路的长度
   C. 修建青藏铁路的目的　　　D. 青藏铁路对周围环境的影响

文化小贴士 Proverbs

火车跑得快，全靠车头带。

Huǒchē pǎo de kuài, quán kào chētóu dài.

With the pulling of the engine, a train can run fast.

本课听说生词

表面　压　脖子　亲　中心　内　以内　夸
雾　竞争　运气　同志　遵守　掌握　节省　电池
驴子　海绵　吸　淹　真理　特殊　双　晃
统计　污染　尾气　呼吸　适当

语法项目索引

B

"把"字句(3)："把"+宾+动+"一/
了"+动 42
"把"字句 (4)："把"+宾₁+动+"成
/作"+宾₂ 43
"把"字句 (5)：主+"把"+宾+动
+"了/着" 44
"把"字句 (6)：主+"把"+宾+动
词+情态补语 46
"把"字句 (7)：主+"把"+宾语+
"给"+动+其他 47
"把"字句和兼语句的套用 ... 48
"把"字句和连动句的套用 ... 49
被动句(3)：主+"被／叫／让"+
宾+"给"+动+其他 41
比较句 (4)：A 比 B+"早／晚／多
／少"+动+数量补语 42
表示强调的"是" 42
不论……都 51
不是……而是…… 47

C

程度补语 (4)：……得要命 ... 41
程度补语 (5)：……死/坏+了 ... 41
程度补语 (6)：……不得了 43

D

的确 55
对于 51

F

番 55
非……不可 49

G

概数 (5)：……来 41
概数 (6)：上下 42

J

将 53
结果补语 (7)：掉 52
结果补语 (8)：通 54
仅 53
进行 53
V/A 就 V/A 吧 54
据 55

K

靠 53
可能补语 (2)：V+得过/不过 ... 44
可能补语 (3)：V+得住/不住 ... 47

241

可能补语 (4)：……得了/不了 … 48
可能补语 (5)：……得惯/不惯 … 48
可能补语 (6)：V+得起/不起 … 52

L

连……带…… … 49

P

凭 … 53

Q

强调（2）：一……也/都+没/不 … 43
趋向补语的引申意义：上（表示达到目的，实现了理想的结果）… 44
趋向补语的引申意义：下（表示容纳、完成）…… 44
趋向补语的引申用法：……出来 … 43
趋向补语的引申用法：……起来 (2) … 41
趋向补语的引申用法：……起来 (3) … 42
趋向补语的引申用法：……起来 (4) … 43
趋向补语的引申用法：V+上去 … 54
趋向补语的引申用法：……下来 … 46
趋向补语的引申用法：……下去 … 49

R

任何 … 51

如……一般 … 55

S

甚至 … 55
时……时…… … 51
使 … 53
A 是 A，但…… … 52
"是……的"句 (2) … 48
首先……，其次……，再次…… … 55
随着 … 55

X

显然 … 55

Y

"一"+动词 … 49
一……就是…… … 48
"一"+量词+"又"+"一"+量词 … 46
一向 … 55
疑问代词的特指 … 46
以便 … 51
应邀 … 53
由 … 55
于 … 53
与其……不如…… … 51

Z

在……看来 … 51
在……下 … 46
之一 … 53
值得 … 51

242

重点词语索引

A
按照 48

B
保证 41
毕竟 52
表现 44
不得不 44
不管 46

C
才 47
朝 42
吃亏 54

D
到底 54
等 42

E
而 42

F
番 52
反正 54

G
赶紧 49

根本 43
怪不得 47
果然 49

J
将 41
近 52

L
立刻 49
连续 44

M
某 43

N
难道 54

P
泡 48

R
然而 52
仍然 48

S
省得 54
实在 48

算 46
所有 41
属于 52

T
突然 46

W
为 47

Y
一切 46
一时 49
以及 52
以为 54
永远 44
由于 47
又 47
于是 43
原来 43

Z
值/值钱 54

243

功能项目索引

C
参加学校活动 46
出行，交通工具 55

D
电影人物 53

G
关于生活事件 54

H
婚姻、家庭 51

J
记叙某一个人 48
记叙某一件事 49

S
节日活动 47

生活状态 52

T
谈论生活经历 43
谈论体育运动 44

Z
遭窃、遗失 41
住宿、租房 42

词语总表

A

癌症 48
安心 52
按照 48

B

拔 46
拔河 46
拜年 47
保卫 41
保证 41
报案 41
报道 50
比分 44
比例 55
毕竟 52
编 46
鞭炮 47
变迁 55
表达 47
并 44
补 41
不必 46
不得不 44
不得了 43

不管 46
不久 43
不论 51
不如 51
不停 47
不知不觉 52
不止 52
步行 55

C

菜谱 43
餐厅 43
残疾 45
茶几 51
产品 45
场合 55
朝 42
潮水 55
称 55
称赞 46
成果 45
成为 43
诚恳 49
吃亏 54
充满 48
重新 52

愁 41
出口 45
初 52
初级 43
除夕 47
厨房 42
处 41
传 53
创造 53
春联 47
辞职 51
此 55
从此 48
凑合 51
粗 46
村 45
村民 45
存款 45

D

打量 54
大街 53
大人 43
大熊猫 43
大约 45
呆 43

245

贷 52
单 51
单调 50
单独 50
单位 49
蛋 54
当……的时候 ... 49
当年 53
到底 54
得 48
的确 55
等 42
等等 42
地道 46
地点 42
电动 55
电器 42
电视机 42
电子 41
动手 47
逗 46
读书 53
堵 48
对待 49
对方 46
对手 44
对于 51
蹲 54
多数 52
夺 53

E

而 42

F

发出 49
发达 44
番 55
番 52
翻 52
反对 50
反正 54
房屋 42
非……不可 49
费力 55
费用 49
分 45
纷纷 54
逢 55
负担 52
富 45

G

干涉 48
肝 43
尴尬 52
赶 44
赶紧 49
刚刚 49
缸 51

搞 45
根本 43
工夫 47
公交 41
公斤 43
功夫 53
姑娘 48
孤独 42
古老 50
骨灰 48
鼓 54
顾 49
顾不得 49
怪不得 47
关键 52
官员 45
惯 48
广告 41
规则 46
柜子 51
果然 49

H

海 48
寒冷 48
好奇 45
合同 42
红烧 47
后期 55
户 45

回忆 …………… 48	尽量 …………… 48	乐趣 …………… 50
活动 …………… 45	进行 …………… 53	冷漠 …………… 49
获得 …………… 44	经历 …………… 43	离婚 …………… 48
	惊奇 …………… 43	理由 …………… 51
J	惊讶 …………… 49	力 ……………… 55
机动 …………… 55	精力 …………… 53	力量 …………… 44
积极 …………… 44	景象 …………… 55	力气 …………… 46
激烈 …………… 44	竟然 …………… 54	立即 …………… 50
极 ……………… 52	静 ……………… 50	立刻 …………… 49
极其 …………… 50	居住 …………… 50	连续 …………… 44
急诊室 ………… 49	局 ……………… 44	脸色 …………… 49
寂寞 …………… 50	句 ……………… 41	梁 ……………… 48
加油 …………… 46	具体 …………… 45	晾 ……………… 51
……家 ………… 41	据 ……………… 55	铃 ……………… 50
家具 …………… 42	聚会 …………… 52	领 ……………… 41
家用 …………… 45		流行 …………… 44
价钱 …………… 54	**K**	楼房 …………… 45
坚持 …………… 41	开展 …………… 44	轮 ……………… 46
坚决 …………… 50	看法 …………… 42	轮流 …………… 54
坚强 …………… 48	靠 ……………… 53	
间 ……………… 42	棵 ……………… 49	**M**
肩 ……………… 46	刻苦 …………… 46	满足 …………… 48
将 ……………… 53	空间 …………… 44	毛巾 …………… 51
将 ……………… 41	空手道 ………… 53	贸易 …………… 41
讲究 …………… 54		门票 …………… 41
交际 …………… 52	**L**	闷 ……………… 41
接触 …………… 42	腊梅 …………… 49	勉强 …………… 50
金 ……………… 52	来 ……………… 43	秒 ……………… 44
仅 ……………… 53	篮子 …………… 54	明亮 …………… 50
尽 ……………… 46	乐 ……………… 47	模样 …………… 49

247

摩托车 ………… 49
蘑菇 …………… 43
默默 …………… 51
某 ……………… 43
目前 …………… 55

N
难道 …………… 54
难看 …………… 47
难忘 …………… 45
闹 ……………… 43
能干 …………… 47
年龄 …………… 42
农业 …………… 45
女士 …………… 55

O
偶然 …………… 50

P
趴 ……………… 47
拍（子）……… 44
派出所 ………… 41
盼望 …………… 50
跑道 …………… 44
泡 ……………… 48
配合 …………… 46
捧 ……………… 49
票房 …………… 53
拼命 …………… 50

平淡 …………… 51
评价 …………… 53
凭 ……………… 53
坡 ……………… 55
普遍 …………… 44
普通 …………… 45

Q
期 ……………… 55
期末 …………… 41
其次 …………… 55
气 ……………… 41
气氛 …………… 47
气愤 …………… 41
启事 …………… 41
签订 …………… 42
签证 …………… 50
前途 …………… 52
欠 ……………… 45
枪 ……………… 44
强 ……………… 44
强壮 …………… 53
悄悄 …………… 54
瞧 ……………… 54
亲热 …………… 54
清单 …………… 51
穷 ……………… 45
全部 …………… 44
拳击 …………… 53
劝 ……………… 50

缺少 …………… 48
群 ……………… 52

R
然而 …………… 52
热水器 ………… 42
热心 …………… 49
人物 …………… 53
忍不住 ………… 47
忍受 …………… 48
任何 …………… 51
仍然 …………… 48
如 ……………… 55
如今 …………… 55
软 ……………… 47
弱 ……………… 53

S
撒 ……………… 48
伤心 …………… 51
上下 …………… 42
上衣 …………… 51
少年 …………… 53
少女 …………… 53
社会 …………… 42
身边 …………… 41
深刻 …………… 44
甚至 …………… 55
生 ……………… 53
生动 …………… 43

词语总表

胜 44
胜利 44
绳子 46
省得 54
失去 48
时髦 55
时期 53
时针 47
实话 51
实际 43
实在 48
使 53
使 44
事业 51
收入 45
书房 42
叔叔 47
熟人 54
熟悉 42
属于 52
漱口 51
霜 51
丝 50
丝 46
死 41
塑料 54
算 46
随时 51
随着 55
所有 41

T

台词 46
跆拳道 53
掏 41
体育场 44
天才 53
挑 54
跳槽 52
停留 49
停止 48
童年 53
桶 54
突然 46
吐 51
推辞 47
退休 45

W

袜子 51
晚期 48
王国 55
忘记 48
为 47
卫生间 42
未 50
味 49
温和 43
稳定 52
窝 52

卧室 42
握 46
无意 43

X

西式 45
下 54
先后 53
鲜花 46
显然 55
献 49
详细 42
相交 47
相声 46
相似 47
享受 48
想法 46
想象 49
消费 52
效率 42
心思 51
新奇 43
信心 48
形容 43
形势 44
形状 47
性格 43
修改 51
宣传 53
学问 47

249

寻 ……………… 41	永远 …………… 44	招呼 …………… 54
训练 …………… 53	勇气 …………… 52	照 ……………… 51
	用功 …………… 48	折 ……………… 49
Y	用力 …………… 46	阵 ……………… 49
压力 …………… 41	尤其 …………… 43	珍惜 …………… 48
压岁钱 ………… 47	由 ……………… 55	征求 …………… 42
烟灰缸 ………… 51	由于 …………… 47	整齐 …………… 54
洋葱 …………… 43	犹豫 …………… 54	之一 …………… 53
要命 …………… 41	油 ……………… 43	枝 ……………… 49
野生 …………… 54	有关 …………… 47	值 ……………… 54
业余 …………… 44	有趣 …………… 43	值得 …………… 51
一方面……	于 ……………… 53	值钱 …………… 54
一方面…… 49	于是 …………… 43	止 ……………… 50
一切 …………… 46	余 ……………… 47	指 ……………… 47
一时 …………… 49	与其 …………… 51	制造 …………… 45
一向 …………… 55	预科 …………… 41	中介 …………… 42
一致 …………… 50	远远 …………… 50	中年 …………… 49
医疗 …………… 52	院子 …………… 49	种类 …………… 43
移动 …………… 46	月亮 …………… 50	猪 ……………… 43
以便 …………… 51	阅读 …………… 43	竹（子）……… 54
以及 …………… 52	运动员 ………… 44	专门 …………… 53
以为 …………… 54		专心 …………… 41
艺术 …………… 41	**Z**	转变 …………… 55
意见 …………… 42	再次 …………… 55	转折 …………… 52
意义 …………… 41	在乎 …………… 54	赚 ……………… 52
银 ……………… 52	暂时 …………… 52	装 ……………… 50
引起 …………… 53	遭到 …………… 50	装修 …………… 52
印象 …………… 44	窄 ……………… 55	追 ……………… 44
应邀 …………… 53	债 ……………… 45	子（时）……… 47
营养 …………… 51	长辈 …………… 47	自从 …………… 54

自豪 …………… 50	租金 …………… 42	作 …………… 42
自由 …………… 42	阻止 …………… 50	作品 …………… 41
自尊 …………… 48	组织 …………… 45	
总是 …………… 46	最初 …………… 45	

专名 Proper Nouns

A
阿里 …………… 53

H
好莱坞 …………… 53
华西村 …………… 45

J
江阴 …………… 45
旧金山 …………… 53

L
李小龙 …………… 53

S
沈 …………… 45
宋静 …………… 52
苏州 …………… 52

X
香港 …………… 53
新加坡 …………… 45